수구즉득다라니
隨求卽得陀羅尼

금강정유가최승비밀성불수구즉득신변가지성취다라니의궤
金剛頂瑜伽最勝秘密成佛隨求卽得神變加持成就陀羅尼儀軌

수구즉득다라니
隨求卽得陀羅尼

불공금강不空金剛 한역漢譯
석법성釋法性 역주譯註

운주사

역자 서문

서기 2세기경에 용수보살이 석가모니 부처님께서 남인도의 철탑에 남겨놓았던 비밀법의 경전을 꺼내면서부터 대승의 밀교가 유전流轉하게 되었다. 그 이후 3~4세기경에 북방불교에 초전初傳의 밀교경전이 전수되기 시작하였는데, 순밀純密이 아니고 단편적斷片的인 잡밀雜密의 종류라고 한다. 순밀은 인도의 후기대승 시기인 7세기경에 발전되어 많은 경전이 형성되었으며, 그것이 8세기 초 중국 당나라 현종시대에 선무외(善無畏, Subhakarasimha, 637~735)·금강지(金剛智, Vajraboddhi, 671~741)·불공금강(不空金剛, Amoghavajra, 705~774) 등에 의해서 전래되었다. 이후 신라와 일본에 전해지게 되었지만 한국에 전래된 밀교는 이미 그 법맥이 상실되었고, 지금에 이르러서는 다만 법회의식에 약간의 진언만이 응용될 뿐이다.

역자가 밀법密法에 관심을 갖게 된 것은 2002년에 『어떻게 성불할 것인가(顯密圓通成佛心要集)』(共譯)를 번역하면서부터이다. 이후 밀교경전과 진언에 관심을 갖고 인연이 주어지는

대로 틈틈이 공부하기 시작하였다.

밀교의 사상적인 측면에서 본다면 우주 삼라만상은 모두 대일여래인 비로자나 법신불의 구체적인 상징이다. 역사적인 관점에서의 석가모니 부처님은 비록 생신불生身佛이지만 그분이 이루신 정각은 법신불인 것이다. 법신의 세계는 시간상으로는 무량수(Amitayus)이고, 공간상으로는 무량광(Amitabha)의 영원 보편적인 존재이다. 바로 법신의 대일여래가 곧 우주 삼라만상이며 일체 현상계의 현상이 대일여래의 체體·상相·용用의 진공묘유眞空妙有이니, 우주 인생이 즉 진리의 구체화 현상이면서 동시에 부처님의 대인격의 구체적인 상징인 것이다. 이는 여래의 절대적인 경계이며 불가설의 비밀장엄세계인 것이다. 이를 표현한 것이 바로 만다라maṇḍala이다.

만다라는 단壇을 뜻하는데, 범어 maṇḍa는 본질의 의미이고, la는 성취를 뜻한다. 즉 본질의 성취, 진리 본체의 표현으로, 이는 석가모니 부처님 자각自覺의 경계를 뜻한다. 밀교에서 만다라가 중요한 것은 하나하나의 현상, 즉 세계의 무궁무진함을 상징하기 때문이다. 만다라는 대략 네 종류로 표현하고 있다. ① 대만다라(mahā-maṇḍala): 우주 전체의 보편상으로, 지혜와 복덕을 구족하신 불·보살의 상에서부터 일체 현상이 모두 대만다라인 것이다. ② 삼마야만다라(samaya-maṇḍala):

현상적인 차별상으로 만유의 하나하나의 개체 자체가 모두 각각의 생명과 가치를 지니고 있는 것이다. ③법만다라(dharma-maṇḍala): 일체 언어·음성·문자·명칭 등 모두 다 각각 자기만의 특수한 의미와 사상을 갖고 있으니, 예컨대 오온세간五蘊世間·십법계十法界·삼천대천세계 등은 모두 문자이며 동시에 모두 법신여래의 언어표현인 것이다. ④갈마만다라(karma-maṇḍala): 일체 사물 각각의 활동작용·작업作業은 모두 본체 활동의 상징적인 의미인 것이다. 이 작용의 관점에서 신구의 삼업三業을 삼밀三密이라고 한다.

삼밀에는 두 가지 측면이 있는데, 하나는 불계佛界이고, 다른 하나는 중생계이다. 불계의 신밀身密은 우주 전체의 본질적인 활동이고, 구밀口密은 우주에 내포되어 있는 모든 음성·언어상의 활동작용이고, 의밀意密은 우주의 일체 정신활동의 작용이다. 그런데 여래가 곧 우주이므로, 여래의 삼밀은 영원불멸이며 이는 생명의 원리이다. 이 본질적인 측면에서 중생계의 중생과 부처는 실제로 무차별이지만 중생은 여래의 여실지如實智 혹은 일체지가 없기 때문에 영원불멸의 생명의 원리를 알 수 없는 것이다. 그래서 중생의 삼업을 수행을 통해 삼밀로 전성轉成하는 것이 필요불가결이다.

밀법의 수행형식은 신업의 수인手印·구업의 진언·의업의

사마디(선정)로, 구경에는 신구의 삼밀로 전성되어 모든 부처님의 일체지에 도달하니, 즉 일초직입여래지一超直入如來智인 것이다. 이것이 바로 체상용원융무애의 경지로 즉신성불卽身成佛이다. 역자는 이러한 사상적인 관점에서 밀법에 흥미를 갖게 되었고, 조금씩 공부하게 된 것이다.

역자는 본래 1999년경에 『삼국유사』를 읽으면서 수구즉득다라니隨求卽得陀羅尼의 명칭과 그 효험의 신통을 알게 되었고, 후에 짧은 장구의 수구즉득다라니를 찾아 염송을 계속해 왔는데, 올 2월에 본 의궤경전을 만나고서 역자가 염송해 온 다라니가 수구즉득다라니의 근본根本인 대진언大眞言이 아니라는 것을 알았다. 대부분 다라니는 대진언大眞言과 중진언中眞言·소진언小眞言이 있는데, 역자는 그동안 소진언 가운데 하나인 심중진언을 염송하고 있었던 것이다.

본경은 신수대장경 제20책에 수록되어 있으며, 당나라 때 불공 삼장의 한역본漢譯本이다. 본경의 내용은, 부처님께서 멸악취보살이 청請하자 대진언으로 근본根本진언과 소진언으로 심불심心佛心진언·일체불심인一切佛心印진언·관정灌頂진언·관정인灌頂印진언·결계結界진언·불심佛心진언·심중心中진언 등 여덟 개의 진언 및 진언의 여러 가지 공덕과 효험의 가지력加持力을 설하고 있다. 불공 스님은 이 의궤경 이외에

수구즉득다라니경으로 『보편광명청정치성여의보인심무능승대명왕대수구즉득다라니경普遍光明清淨熾盛如意寶印心無能勝大明王大隨求陀羅尼經』 제2권第二卷을 한역하였다. 이 경에는 다른 이역본異譯本으로 역시 당나라 때 역경승譯經僧인 보사유寶思惟 스님의 『불설수구즉득대자재다라니신주경佛說隨求卽得大自在陀羅尼神呪經』 제1권이 있는데, 대수구즉득다라니의 대진언인 근본진언의 장구가 불공 스님은 290구句인 반면 보사유 스님의 경에는 250구이며, 자구字句의 내용도 서로 상이한 점이 많다. 한편 역자는 본 의궤경의 역주 이외에, 부록 「수구즉득다라니 지송법요」에서 수구즉득다라니 가피加被의 효험·사서寫書 방법·공양법 등을 불공 스님과 보사유 스님의 두 수구다라니경에서 발췌하여 인용하였다.

역자가 이 책을 펴내는 이유는, 역자 자신은 물론이고 독자에게 이 수구즉득다라니를 소개하여 지금껏 쌓아온 죄업장을 모두 소멸하고 성불의 인因을 얻도록 함에 있다. 부처님의 중생 교화의 방편법으로 현밀顯密 양교兩敎가 있지만, 현교든 밀교든 법을 이해함에 있어 부처님의 진의眞意와 중생이 이해하는 것이 다르다. 그래서 밀密이라고 칭한 것이고, 중생은 부처님의 진실한 의미를 이해하기도 어렵고 추측하기도 어렵기 때문에, 현밀顯密을 논하기에 앞서 부처님이 설한 것은 모두 방편의 교설인 점을 알아야 한다.

불자로서 궁극적 관심은 물론 최상의 불위佛位이지만, 이에는 반드시 자타력自他力의 최상승의 방편이 필요하다. 그 방편이 바로 비밀진언의 공덕력이다. 그리고 밀법수행에 있어서 특히 진언수행자가 진언을 염송할 때 수인과 관상(지관선정止觀禪定)을 동시에 함으로써 불보살님의 가피의 효과가 크다. 예컨대 구밀의 진언염송은 일체 음성의 신비한 공능功能을 중요시한 것이다. 즉 진언염송으로 신체 내부의 기맥을 진동시키니 생명의 잠재력을 일깨워서 그 작용을 전이轉移시켜 초월한 신비의 영역에 진입하여 정신과 고차원의 지혜를 계발시킨다. 바꿔 말하면, 특수 영력靈力의 비밀어秘密語가 바로 진언으로, 그 음파의 작용과 우주만유 생명의 신비한 에너지가 서로 상호작용을 하여, 우주의 본체인 법신여래와 불보살님과 중생인 내가 일체가 되고 즉신성불의 경지에 들어가는 것이다. 예컨대 불보살님의 진언을 일심으로 염송하면 내가 불보살님의 경계와 일체가 되는 것이다.

이러한 관점에서 이 만나기 어려운 최상승 방편의 비밀신주秘密神呪인 수구즉득다라니 의궤경전을 소개하게 되었으니, 참으로 죄업장을 소멸하고 윤회를 끊고자 갈망하는 모든 사부대중에게 인연이 주어지길 바라는 바이다. 왜냐하면 일체 불법佛

法은 모두 감로(amṛta)의 영약靈藥이지만 사견邪見을 가진 삿된 사람에게 들어갔다가 나온다면 모두 독약毒藥으로 변하기 때문이다. 또한 올바른 사람은 설령 사법邪法을 배운다 해도 삿된 법이 모두 정법正法이 되지만, 삿된 사람은 설령 정법을 배운다 해도 정법이 삿된 법으로 변질되기 때문이다. 부처님께서 말씀하시길 '과거생에 복혜를 닦지 않은 자는 내 정법正法을 만나기 어렵다'라고 하셨다. 어찌되었건 지금 우리가 최상승의 이 다라니 방편법을 만났으니, 참으로 출세간의 정신으로 육도윤회의 고통을 벗어나고자 하고, 성불을 갈구하는 진불자가 되는 기회가 되길 바라는 바이고, 출가자든 재가자든 역자를 포함한 우리 불자들 모두가 정신正信의 불자로 정법正法을 계승하고 수호하여 이 사회가 진정한 인간정토가 되길 바라는 바이다.

끝으로 역주의 부족한 면은 독자 여러분의 아낌없는 가르침을 바라는 바이고, 아울러 항상 기꺼이 출판을 맡아주는 도서출판 운주사 김시열 대표님께 진심으로 감사드리는 바이다.

2016년 11월 법(Dharma)의 한강에서

석법성

역자 서문 5

I. 발기서분發起序分 17

II. 본론〔정종분〕 19

III. 결론〔유통분〕 65

부록: 수구즉득다라니 지송법요 72

1. 수구즉득다라니 가피의 효험 74

2. 수구즉득다라니 사서寫書 방법 88

3. 공양법 90

4. 매일 수구즉득다라니 지송법 91

원문 141

나무 본사석가모니불(3번)

정삼업진언淨三業眞言(3번)

옴 쓰와바바 숫다악 싸르와-다르마 쓰와바바 숫도 함
(Oṃ svabhāva-śuddhāḥ sarva-dharmāḥ svabhāva
-śuddho haṃ)

오방내외안위제신진언五方內外安慰諸神眞言(3번)

나무 싸만따 붓다남 옴 두루두루 디비 쓰와하
(namaḥ samanta-buddhā-nāṃ oṃ dhuru dhuru dhivi
svāhā)

보공양진언普供養眞言(3번)

옴 가가나 쌈바바 와즈라 훔
(Oṃ gagana sambhava vajra hūṃ)

개경게開經偈(경을 여는 게송)

백천 만겁이 지나도 만나기 어려운

최상의 깊고 묘한 법을

지금 제가 듣고 받아 지녔사옵니다.

원하오니!

여래의 진실한 뜻을 깨닫게 하소서!

(無上甚深微妙法 百千萬劫難遭遇

(我今聞見得受持. 願解如來眞實義.)

개법장진언開法藏眞言(법의 보고寶庫를 여는 진언)(3번)

옴 아라남 아라다(Oṃ ara-nāṃ aradha)

I. 발기서분發起序分

이때 멸악취滅惡趣[1]보살이 바이로자나Vairocana[2] 부처님의 대

1 멸악취滅惡趣: 범어 Sarvāpāyajaha의 의역으로, 능히 일체 악취를 버리고 악취를 없애고 악취를 파괴시키고, 일체 번뇌를 소멸시키고 없애며 올바르게 세상을 돌려놓는다는 뜻이며, 제개장(除蓋障, Sarvanivaraṇaviṣkambhin) 보살이라고도 한다. 현겁이 출현할 때 나오시는 16분의 대보살님 가운데 한 분이다.

2 바이로자나: 범어 Vairocana의 음역으로, 본래의 의미는 태양을 뜻하여 대일여래大日如來라고 칭하며, 부처님 지혜의 광대무변함을 상징한다. 이는 위대한 법신으로 불멸의 정신주체이다. 화엄종의 본존이며 정각을 얻은 연화장세계의 교주이다. 경우에 따라서 비로자나를 노나사불과 비로자나로 칭하기도 한다. 예컨대 유식종에서는 비로자나불과 석가모니불을 수용受用과 변화의 이신二身으로, 바이로자나를 자성신自性身으로 본다. 또한 밀교에서는 비로자나·노사나·석가여래를 법신·보신·응신으로 보

집회 가운데 있었는데, 자리에서 일어나 합장과 공경을 하면서 부처님께, "세존이시여! 저는 미래세의 말법末法(시대)에 선·악·무기의 번뇌로 물들여진(雜染; saṃkleśa) 세계의 악취 중생들을 위하여 죄를 소멸하고 성불하는 다라니(滅惡成佛陀羅尼』를 설하여 부처님의 신(몸)·구(입)·의(마음) 삼업의 비밀(三密門)을 닦게 하고 염불삼매를 증득하여 정토淨土에 태어나게 하겠습니다. 어떠한 방편(방법)이 중죄의 중생들을 고통에서 빼내고 즐거움을 얻게 하는지요? 저는 일체 중생들의 고통을 빼내고 제도하고자 합니다."라고 말씀드렸다.

되 대일여래의 동체로 본다.

II. 본론〔정종분〕

멸악취보살이 부처님께 고통을 빼내는 비밀법과 성불법을 청원

그때 부처님께서 멸악취보살에게 “자신이 지은 죄업에 대해 부끄러움이 없고〔無慚〕·수치심이 없고〔無愧〕·사악하며 올바른 견해가 없이〔邪見〕 제멋대로 거리낌이 없이 살며 즐겨 노는 중생들에게는 고통을 빼내거나 (생사를) 제도할 방법이 없어, (그들은 윤회전생으로) 태어나 모든 일체 고통과 액난을 받고 죽으면 무간지옥에 떨어져 삼보의 명칭도 들을 수 없거늘, 하물며 부처님을 보겠는가! 하물며 또 인간의 몸을 받을 수 있겠는가!”라고 말씀하셨다.

멸악취보살은 또 다시 “여래의 방편은 헤아릴 수 없고, 여래의 신통력은 무궁무진합니다. 오직 원하오니, 세존께서 고통을 빼내는 방법의 비밀법을 설하여 주옵소서! 부처님께서는 일체

중생들의 부모로서 오탁[3]의 중생들을 위하여 성불을 결정하는 법을 설하여 주옵소서!"라고 말씀드렸다.

부처님께서 멸악취보살에게 "나에게는 비밀법이 있는데 세상에서 아주 보기 드물며, 죄를 소멸하고 성불하는 데 최상·제일이니 (구하는 바에 따라 곧바로 얻는 진언으로) 수구즉득진언隨求卽得眞言이라고 부른다. 만약 어떤 사람이 다만 이 진언의 표제의 명칭만 들었거나, 표제의 명칭만을 염송하는 사람을 친히 가까이하거나, 표제의 명칭만을 염송하는 사람이 사는 곳의 (주변) 사람이라 해도 일체 천天·마魔·악귀·일체 선신善神의 왕이 모두 와서 수호해 준다. 오신채[4]를 먹거나 물고기를

---

3 오탁五濁: 말법시대에 나타나는 다섯 가지 현상을 말하니, ① 겁탁劫濁: 범어 kalpa-kaṣaya의 의역으로 중생들이 이기적이고 사악하여 시대가 오염되었고, ② 견탁見濁: 범어 dṛṣṭi-kaṣaya의 의역으로 중생들이 사견邪見과 아집으로 인해 사상적으로 혼란하며, ③ 번뇌탁煩惱濁: 범어 kleśa-kaṣaya의 의역으로 중생들이 탐심과 성냄과 어리석음으로 인해 번뇌를 충만하게 일으키고, ④ 중생탁衆生濁: 범어 sattva-kaṣaya의 의역으로 중생들의 선善의 과보가 쇠진하여 마음과 지혜가 우둔하고 신체가 나약하고 인내심이 부족하여 고통을 감내하지 못하며, ⑤ 명탁命濁: 범어 āyuṣ-kaṣaya의 의역으로 중생들의 수명이 최초의 8만세에서부터 점차 감소하여 100세에 이르게 되고 최후에는 10세까지로 감소하는 것을 뜻한다.

4 오신五辛: 매운 맛이 나는 다섯 종류의 채소로 파·마늘·달래·부추·양파를

상해하거나 또한 음란한 자매라 해도 일체 여인들과 축생의 암컷이나 모든 비나야까(vināyaka; 악귀)가 방해할 수 없으니, 모두 주야로 (진언수행자를) 따라 순응해 주고 수호하며 재난을 없애고 안온을 얻게 하거늘, 하물며 자신이 염송함이랴! 만약 (이 진언을) 다 갖추어 염송한다면 일체 중죄가 모두 다 소멸하고 무량한 복덕을 얻으며 죽을 때 반드시 극락세계에 태어난다. 비록 극악한 중죄를 지었어도 지옥에 떨어지지 않으니, (예컨대) 부모를 살해했거나 아라한을 살해했거나 화합승단을 파괴시켰거나 부처님 몸에 피를 나오게 했거나 경전과 불상을 태웠거나 가람(사원)을 더럽혔거나 모든 사람들을 비방했거나 모든 가르침을 비방했거나 자신은 옳고 타인은 그르다고 하였거나, 이와 같은 중죄를 지었어도 극락세계의 (구품 가운데) 상품에 태어남이 결정되어 저절로 연화대에 화생化生을 하니 다시는 태생을 받지 않는다. 오직 성불이 가까워진 사람만이 먼저 이 진언을 듣게 되고, 성불이 먼 사람은 세세생생 이 진언을 듣지 못한다. 만약 남자든 여자든 (비록) 동남동녀라

말한다. 비록 이것들의 성분이 여러 가지 영양소를 풍부히 갖고 있는 강장제이지만 불교에서는 여러 이유로 금하는 채소이다. 즉 수행자에게 강장제 성분은 수행에 방해가 되기도 하고, 강한 냄새는 선신善神들이 가까이 오지 못하게 하고 악신들이 가까이 한다고 하는 등의 이유이다.

해도 이 진언의 표제의 명칭만 지닌다 해도 당연히 안락을 얻고 모든 병이 없으며, 물질의 형상들이 불처럼 성하게 일어나 (풍족하게) 되고, (매사가) 원만하고 길하게 되고 복덕이 증장하며, 일체 진언법을 모두 성취하여 얻게 된다. 만약 이 진언 표제의 명칭 중 한 글자나 두 글자에서 열 글자까지이거나, 만약 진언의 한 구절이나 두 구절에서 열 구절까지이거나, 또한 한 번이라 해도 금·은·유리瑠璃·옥 가운데다 진언을 놓고 머리에 이거나 한다면, 이런 사람은 비록 밀법의 만다라 단壇에 들어가지 않았어도 일체 만다라 단에 들어간 것과 같아서 만다라 단에 들어간 자와 그는 동행을 할 수 있고, 모든 부처님과 같고 다름이 없어 악몽을 꾸지도 않으며 중죄도 소멸하게 된다. 만약 악심을 일으킨 자가 와서 서로 상대를 해치려고 해도 해칠 수 없으며 일체 하는 것을 모두 성취한다."라고 말씀을 하시고는, 부처님께서 보편염만청정치성사유보인심무능승총지대수구다라니普遍焰滿淸淨熾盛思惟寶印心無能勝摠持大隨求陀羅尼를 설하셨다.

나마 싸르와 따타가따 남(Namaḥ sarva tathāgata nāṃ)

*원주原註: 비로자나 부처님의 신구의업이 허공에 편재하시니, 여래의 삼밀문三密門인 금강일승金剛一乘의 미묘하고 심오한 가르침에 귀의

합니다. (이하 다라니 밑의 *작은 글씨는 원주原註임)

나마 나마 싸르와 붓다 보디싸뜨바 비약(Namaḥ Namaḥ sarva buddha bodhi-sattva bhyaḥ)

*본각심本覺心의 법신이 항상 묘법의 마음으로 (연화장세계의) 연화대에 머무르시기에 (제가) 귀의하오며, 본래 삼신의 덕을 장엄하신 37존의 마음이 머무르시는 보문의 성에서 모든 삼매가 미진수로 인과와 인과법을 멀리 여의고 무변한 덕의 바다를 갖추어 본래 원만하시니, 제가 또 다시 모든 부처님께 정례의 마음으로 귀의합니다.

붓다 다르마 쌍가 비약(Buddha dharma saṅgha bhyaḥ)

*멸악취보살님이 법계 중생들의 고통을 빼내고 즐거움을 얻도록 하시니, 삼악도 유정들의 고통을 빼내고 그들에게 즐거움을 주심에 귀의합니다.

따디야타(Tadyathā): 다시 말해서

옴 비뿌라 가베(Oṃ vipula gabhe)

*과거 네 가지 은혜와 성불하는 도

비뿌라 비말레(vipula vimale)

*일체 중생들의 죄를 소멸

자야-가베(jaya-gabhe)

*일체 중생들에게 여의보를 보시함

와즈라 즈바라 가베(Vajra jvāla-gabhe)

*일체 중생들이 번뇌를 끊고 없앰

가띠 가하나(Gati-gahaṇa)

*일체 중생들이 원하는 것을 성취

가가나 비숫다나(Gagana-viśuddhaṅa)

*일체 중생들에게 자비로써 보호

옴 싸르와 빠빠 비숫다나(Oṃ sarva-pāpa viśuddhaṅa)

*부처님의 세계가 없는 중생들에게 자비로써 보호

옴 구르나바띠 가가리니(Oṃ gurnavati gagaṛni)

*일체 중생들이 태생의 고통을 끊음

기리-기리 감마리 감마리(Giri-giri gaṃari-gaṃari)

*일체 중생들이 음식을 보시

가하가하(Gaha gaha)

*일체 중생들이 의복을 보시

가가리-가가리(Gagari-gagari)

*일체 중생들에게 중생바라밀을 원만하게 함

감빠리-감빠리(Gaṃpari-gaṃpari)

*일체 중생들에게 인욕바라밀을 원만하게 함

가띠-가띠 가마나 가레(Gati gati gamana gale)

*일체 중생들에게 정진바라밀을 원만하게 함

구루-구루니(Guru-guruni)

*일체 중생들에게 선바라밀을 원만하게 함

짜레 아짜레(Cale acale)

*일체 중생들에게 혜바라밀을 원만하게 함

무짜레 자예비자예(Mucale jayevijaye)

*일체 중생들에게 방편바라밀을 원만하게 함

싸르와 비야 비가띠 가바 쌈바라니(Sarva-bhya vigati gabha-saṁbhalani)

*일체 중생들에게 원바라밀을 원만하게 함

스리스리 미리찌 리찌리 싸만따 까라샤니(Śri-śri mirici riciri samanta karaṣani)

*일체 중생들에게 력力바라밀을 원만하게 함

싸르와 사뜨루 쁘라마타니(Sarva-śatru pramathani)

*일체 중생들에게 지바라밀을 원만하게 함

라끄샤-라끄샤(Rakṣa-rakṣa)

*성취

마마(ma-ma)

*구경究竟

이름(　　　　　)

싸르와 싸뜨바 난짜(Sarva sattva-nanca)

*일체 중생들이 화합하여 원한을 여읨

비리비리 비까떼 바라다 비야나-싸나(Viri-viri vikaṭe varaḍa bhyana-saṇa)

*일체 중생들이 화합하여 탐욕을 여읨

쑤리쑤리 찌리-캄 마레(Sūri-sūri ciri-khaṃ māle)

*일체 중생들이 모두 화합하여 어리석은 마음을 여읨

비마레(Vimāle)

*일체 중생들이 화합하여 (음식이 없어) 먹기 어려운 고통을 여읨

자예자야 바히자야(Jaye-jaya vahi-jaya)

*일체 중생들에게 물의 (재난의) 어려운 고통을 여의게 함

바띠 바가바띠(Vati bhagavati)

*일체 중생들이 화합하여 불의 (재난의) 어려운 고통을 여읨

라뜨나 마꾸따-마라 다라니 바후 바바다브 찌뜨라 (Ratna makuṭa-mala dhāraṇi vaḥ vavadhāv citra)

*일체 중생들에게 전쟁과 도적의 고통을 여의게 함

베사나(베사루) 빠다리 바가바띠 마하－비르야 데비

(Veṣana(veṣaru) padhari bhagavati mahā-virya devi)

*일체 중생들이 몸과 마음이 안온함

라끄샤 라끄샤(Rakṣa-rakṣa)

*성취

마마(ma-ma)

*구경究竟

이름(　　　　　)

싸르와 싸뜨바 난짜(Sarva sattva-nanca)

*일체 중생들의 과거 부모님을 성불시킴

싸만따 싸르와 뜨라하(Samanta sarva-traḥ)

*일체 중생들의 7대 부모님을 성불시킴

싸르와 빠빠 비숫다나(Sarva pāpa viśuddhaṅa)

*일체 중생들 부모님을 영원히 생사의 고통을 여의게 함

후루후루(Huru-huru)

*일체 중생들의 부모님이 장수함

나끄샤－뜨라(nakṣa-tra)

*일체 중생들이 병환이 없음

마라 다라니(Māla dhāraṇi)

* 일체 중생들에게 보리심을 내게 함

라끄샤 끄샤-밤(Rakṣa-kṣa-vaṃ)

* 하나로 화합하여 성취-결정

마마(ma-ma)

* 구경

이름(　　　　　)

아나타 씨아 뜨라하 나빠라야나 씨아

(Anātha-sya-traḥ naparayana-sya)

* 살생죄를 소멸

바리모짜야메 싸르와 묵께비악 친네(Vari-mocaya-me sarva muke-bhyaḥ chinne)

* 도둑질한 죄를 소멸

친네친네니 베가바띠(Chinne chinne-ṇi vegavati)

* 음욕죄를 소멸

싸르와 두스따니 바라니 사뜨루 빠끄샤 쁘라마타-니 비자야 바히-니(Sarva duṣtaṇi varani śatru pākṣa pra-matha-ṇi vijaya vahi-ṇi)

* 망어죄를 소멸

후루후루(Huru-huru)

*술을 판 죄 소멸

스루스루(śru-śru)

*자신을 찬탄하고 타인을 헐뜯은 죄 소멸

아요빠라니 쑤라바라 마타니(Ayo-pāla-ṇi suravara matha-ṇi)

*인색한 탐욕의 죄 소멸

싸르와디 바따뿌찌떼(Sarva-di vatapucite)

*성을 낸 죄 소멸

디리디리(dhiri-dhiri)

*비방한 죄 소멸

싸만따 바로끼떼(Samanta valokite)

*술을 마신 죄 소멸

쁘라베 쁘라베(prabhe prabhe or prabha prabha)

*오신채를 먹은 죄 소멸

쑤쁘라바 비숫디(Suprabha viśuddhi)

*새를 해치고 물고기를 먹은 죄 소멸

싸르와-빠빠 비숫다나(Sarva-pāpa viśuddhaṇa)

*파계죄와 구계 소멸

다라다라-다라니 다라-달레(Dhara-dhara-dhāraṇi dhara-dhale)

*가르치지 않은 죄 소멸

쑤무 쑤무(Sumu sumu)

*삼독죄 소멸

루루짜레(ruru-cāle)

*욕루·유루·무명루의 삼루죄三壘罪 소멸

짜르야 아누스딴 뿌라야(Carya anuṣṭāṇ puraya)

*삼가죄三假罪 소멸

메아삼(meaśaṃ)

*삼인유죄三引有罪 소멸

스리 바뿌다-남 자야-캄 마레(Śri vapudha-naṃ jaya-khaṃ māle)

*사식四識에 머무른 죄 소멸

끄스니 끄스니(Kṣṇi kṣṇi)

*사류죄四流罪 소멸

바라디 바라담 꾸사(Vala-di vala-daṃ kuśā)

*사취죄四取罪 소멸

옴 빠드마 비슷디(Oṃ padma viśuddhi)

＊사보죄四報罪 소멸

숫다야 숫다야 비숫디(Śuddhaya Śuddhaya viśudhi)

＊사연죄四緣罪 소멸

쁘라쁘라(Pra-pra)

＊사대죄四大罪 소멸

비리비리(viri-viri)

＊사박죄四縛罪 소멸

브루브루(Bhrū bhrū)

＊사식죄四食罪 소멸

망갈라 비숫디(maṅgala viśuddhi)

＊사생죄四生罪 소멸

빠비－뜨라하 묵키(Pavi-traḥ muhkhi)

＊오주지죄五住地罪 소멸

카기니 카기니(khagini khagini)

＊오수근죄五受根罪 소멸

카라 카라(Khara khara)

＊오개죄五蓋罪 소멸

즈발레－따씰레(jvāle-tasile)

* 오견죄五堅罪 소멸

싸만따 쁘라샤리따(Samanta praṣarita)

* 오견죄五見罪 소멸

바바씨따－슷디(Vabhasita śuddhi)

* 오심죄五心罪 소멸

즈발라 즈발라(jvala jvala)

* 육정근죄六情根罪 소멸

싸르와디 바가나(Sarva-di vagaṇa)

* 육식죄六識罪 소멸

싸마까라싸니(sama kara sani)

* 육상죄六相罪 소멸

싸띠야바띠(Satyavati)

* 육애죄六愛罪 소멸

따라(tāra)

* 육행죄六行罪 소멸

따라야－밤(Tāraya-vaṃ)

* 육애죄六愛罪 소멸

나가 비로끼떼 라후라후(Nāga-vilokite lahu-lahu)

* 육의죄六疑罪 소멸

호누호누(Honu-honu)

* 칠루죄七漏罪 소멸

끄스니 끄스니(kṣṇi kṣṇi)

* 칠의죄七儗罪 소멸

싸르와 끄라하바 끄싸니(Sarva krahabha ksaṇi)

* 팔도죄八到罪 소멸

삥갈라 삥갈라(Piṅgala piṅgala)

* 팔고죄八苦罪 소멸

스무스무 쑴쑴(śmu-śmu sum-sum)

* 팔구죄八垢罪 소멸

쑤비짜레(Suvi-cāle)

* 구뇌죄九惱罪 소멸

따라따라 나가 비로끼니(Talatala nāga-viloki-ṇi)

* 구치죄九治罪 소멸

따라야뚜-밤(Tārayatu-vaṃ)

* 구상연죄九上緣罪 소멸

바가바띠(bhagavati)

* 열 가지 번뇌죄 소멸

아스따 마하 따루나바예 비악(Aṣṭa mahā-tarunabhaye bhyaḥ)

* 십박죄十縛罪 소멸

쌈무드라 싸갈라(Samudrā sāgara)

* 십일편사죄十一遍使罪 소멸

빠르야-땀(Parya-tām)

* 십육지견죄十六知見罪 소멸

빠딸라 가가나 뜨람(pātala gagana traṃ)

* 십팔계죄十八界罪 소멸

싸르와 뜨라하 싸만띠나(Sarva-traḥ samantina)

* 이십오二十五 개의 자아

뜨리사반디-나 와즈라 쁘라까라(Dhṛśabandhi-na vajra prākāra)

* 육십경六十竟

와즈라-빠사 만얌니나(Vajra-pāśa manyaṃnina)

* 98결사와 108번뇌를 견제見諦로 사유思惟함

와즈라 즈바라 비숫디(Vajra jvala viśuddhi)

* 이혜명二慧明 삼신랑三辛朗

부르부르(Bhūr-bhūr)

* 광사등심廣四等心

가르바바띠(garbhavati)

* 오사주엽五四住葉

가르바 비숫다니(Garbha viśuddha-ṇi)

* 사악취四惡趣를 소멸하고 사무외四無畏를 얻음

띠끄스쌈뿌라니(Tikṣsampulaṇi)

* 오도五道를 제도

즈바라 즈바라(jvala jvala)

* 오근五根을 끌어안음

짜라짜라(Cara-cara)

* 오안五眼을 정화

즈바라-니(jvāla-ṇi)

* 오분 성취

쁘라베샤뚜-데바(Praveśa-tu-deva)

* 육신통을 구족

싸만띠나(samantina)

* 육도업을 만족

니미유나께나(Nimiyunakena)

＊육진의 의혹을 하지 않음

아므리따 와라싸니(Amṛta varasaṇi)

＊항상 여섯 가지 묘행을 행함

딯－바따 와따라니(Diḥ-bata vata-raṇi)

＊세세생생 일곱 종류의 청청한 꽃에 앉음

아비신짜 뚜메쑤 가따와라와짜나
(Abhiṣiñca tumesu gatāvalavacana)

＊팔공덕수에다 번뇌를 씻음

아므리따 와라와뿌세(Amṛta varavapuṣe)

＊아홉 가지를 끊는 지혜를 갖춤

라끄샤 라끄샤(Rakṣa-rakṣa)

＊성취

마마(ma-ma)

＊구경究竟

이름(   )

싸르와 싸뜨바 난짜(Sarva sattva-naṇca)

＊하지下地의 행을 성취

싸르와 뜨라하 쓰와나(Sarva traḥ svana)

＊열한 가지 공을 이해하여 항상 하심을 사용하여 자재함

싸르와 바예 비악(Sarva bhaye bhyaḥ)

＊이행륜二行輪(견행과 애행)을 돌릴 수 있음

싸모쁘다라베 비악(Samo-pdharave bhyaḥ)

＊18불공법을 구족함

싸모빠야기 비악(Samo-payagi bhyaḥ)

＊일체 공덕이 원만하고 무량함

싸르와 두스타비야 비뜨씨아(Sarva duṣṭhabhya vitsya)

＊세세생생 교만의 장애를 끊음

싸르와 까라 까라－하(Sarva kara kāla-ha)

＊애욕의 물이 마름

비가라하 비와나(Vigaraha vivana)

＊성냄의 불길이 소멸함

아누쓰와쁘－난 드라니미따 망가리야 루찌야 빠비나싸니
(Anusvap-naṇ dranimita maṅgarya rucya pavina-saṇi)

＊어리석은 생각을 영원히 빼내 끊음

싸르와 야끄샤 라끄샤－바(Sarva yakṣa rakṣa-bha)

* 모든 견해의 그물망을 찢음

나가니 와라니(Nāga-ni vara-ni)

* 견도堅道를 잘 닦는 사람

싸라니쌀레 마라 마라－라마바띠(Sarani-sale māla mara -ramavati)

* 보리를 향하여 올바름

자야 자야 자야뚜－밤(Jaya jaya jayatu-vaṃ)

* 37품의 조도법을 성취

싸르와 뜨라하 싸르와－까람(Sarva-traḥ sarva-karaṃ)

* 금강의 몸을 얻음

씨단뚜메에이－밤 마하 비디(Sidhyantumei-vaṃ mahā-vidi)

* 수명이 무궁함을 얻음

싸다야 싸다야(Sādhaya sādhaya)

* 원한을 영원히 여의어 살해의 마음이 없음

싸르와 만다라 싸다니(Sarva maṇḍala sadhaṇi)

* 항상 안락의 가피를 입음

가따야 싸르와－비가네(Gataya sarva-vighane)

* 이름을 듣거나 소리만 들어도 공포가 모두 없어짐

자야 자야(Jaya jaya)

*구하는 것을 만족함

씻디 씻디 쑤씻디(siddhi siddhi susiddhi)

*사랑하는 사람끼리 서로 이별을 하여 고통임

씻디야 씻디야(Siddhiya-Siddhiya)

*재난을 없애 안락함

붓디야 붓디야(buddhiya-buddhiya)

*병을 없애고 연명을 함

보다야 보다야 뿌라야(Bodhaya-Bodhaya puraya)

*관재의 재난을 없앰

뿌라니 뿌라니(purani purani)

*안온함이 생김

뿌라야 메아꼬(Purya meako)

*원한의 도적을 굴복시켜 없앰

싸르와 비바야 비가따-부떼 자요따리(Sarva vibhaya vigata -bute jayotari)

*군왕에게 공경하고 좋아하게 함

자야바띠(Jaya-vati)

* 모든 사람들이 공경하고 좋아함

띠스타 띠스타(tiṣṭha tiṣṭha)

* 천상의 사람이 공경하고 사랑함

쌈마야 마누빠라야(Samaya manupalaya)

* 후비后妃가 공경하고 사랑함

따타가따(tathāgata)

* 부인이 공경하고 사랑함

흐리다야(Hṛdaya)

* 여인이 공경하고 사랑함

슛떼(śudte)

* 바라문이 공경하고 좋아함

미야바로-까야뚜 밤(Miyavalo-kayatu-vaṃ)

* 재상宰相이 공경하고 좋아함

아스따-비 마하-나루다바야-비악(Aṣṭā-vi mahā -naruḍabhaya-bhyaḥ)

* 대신이 공경하고 좋아함

싸라 싸라(Sara sara)

* 거사가 공경하고 좋아함

뻐라싸라 뻐라싸라(prasara-prasara)

* 장자長者, 장자長者

싸르와 바라다-비숟다니 싸만따 까라만다라-비숟디 (Sarva varada-viśuddhaṇi samanta karamaṇḍala-viśuddhi)

* 제석帝釋, 제석帝釋

비가떼 비가떼(Vigate vigate)

* 범왕梵王, 범왕梵王

비가따 마라(vigata māla)

* 대자재천, 대자재천

비숟다니(viśuddhaṇi)

* 천제장군天帝將軍, 천제장군

끄스니 끄스니(Kṣṇi kṣṇi)

* 동남동녀, 동남동녀

싸르와 빠빠 (Sarva pāpa)

* 천룡, 천룡

비숟디(viśuddhi)

* 야차, 야차

마라 비가따(Māla vigatā)

* 건달바가 공경하고 좋아함

떼조바띠(Tejovati)

* 아수라, 아수라

와즈라바띠(Vajra-vati)

* 가루라, 가루라

뜨라하뜨 로께야(traṭ lokeya)

* 비로자나께서 호념하심

띠스띠떼(tiṣṭite)

* 증익을 성취

쓰와하(svāhā)

* 식재息災를 성취

싸르와 따타가따 붓다(Sarva tathāgata buddha)

* 아촉불께서 금강바라밀을 호념하심

아비세까떼(abhiṣekate)

* 증익을 성취

쓰와하(svāhā)

* 식재息災를 성취

* 원문의 원주原註

〔이 아래부터는 모두 (형식이) 같기 때문에 주注가 없음. 한 문장〔一句〕 안에는 세 구절〔三句〕이 있음. 첫 번째 구절〔初句〕은 부처님 명호를 호념하고, 가운데 구절〔中句〕은 모두 증익 성취이고, 마지막 구절〔終句〕은 모두 식재를 성취함이다. 가령 싸르와 따타가따 붓다Sarva tathāgata buddha는 아촉불께서 금강바라밀을 호념하심이다. 아비세까떼abhiṣekate는 증익성취이고, 쓰와하svāhā는 식재息災 성취인 것이다.〕

싸르와 보디싸뜨바 아비세까떼 쓰와하(Sarva bodhi-sattva abhiṣekate svāhā)

싸르와 데바따 아비세까떼 쓰와하(Sarva devata abhiṣekate svāhā)

싸르와 따타가따 흐리다야 띠스띠따 흐리다예 쓰와하(Sarva tathāgata-hṛdaya tiṣṭita-hṛdaye svāhā)

싸르와 따타가따 쌈마야 씻디 쓰와하(Sarva tathāgata samaya siddhi svāhā)

인드라 인드라 바띠 인드라 미야바로끼떼 쓰와하(Indrā indrā vati indra miya-valokite svāhā)

마라 함 메 쓰와하(Māra haṃ-me svāhā)

마라 함 마니-야스띠 쓰와하(Māra haṃ maṇi-yaṣṭi svāhā)

비스뉴 나모 사끄라띠 쓰와하(Viṣṇu namo śakrati svāhā)

마헤스바라 마니-따뜨 뿌지따예 쓰와하(Maheśvara maṇi-tat pujitaye svāhā)

와즈라 빠니 마라 비르야 디스뜨떼 쓰와하(Vajra pani māla virya dhiṣṭte svāhā)

드리따라스뜨라 스뜨라야 쓰와하(Dhṛtārāṣṭra ṣṭraya svāhā)

비루다까야 쓰와하(Virūḍhakaya svāhā)

비루빠끄샤야 쓰와하(Virūpākṣaya svāhā)

비스라바나야 쓰와하(Viśravaṇaya svāhā)

짜뚜라 마하 라자 나모 사끄라띠야 쓰와하(Catura-mahā-raja namo śakraṭya svāhā)

야마야 쓰와하(Yamaya svāhā)

야마 뿌지또 나모 사끄라띠야 쓰와하(Yama pūjito namo śakraṭya svāhā)

바루나야 (Varuṇaya)

*수천水天이 호념하여 증익을 성취

쓰와하(svāhā)

*식재息災 성취. 상하 모두가 다만 지견에 지나지 않음

무리띠유 쓰와하(Mṛtyu svāhā)

마하 무리띠유 쓰와하(Mahā Mṛtyu svāhā)

아그나이 쓰와하(Agnāyi svāhā)

나가 비로끼띠야 쓰와하(Nāga vilokiṭya svāhā)

데바가나 비악 쓰와하(Deva-gaṇa bhyaḥ svāhā)

나가가나 비악 쓰와하(Nāga-gaṇa bhyaḥ svāhā)

야끄샤가나 비악 쓰와하(Yakṣa-gaṇa bhyaḥ svāhā)

라끄샤싸가나 비악 쓰와하(Rakṣasa-gaṇa bhyaḥ svāhā)

간다르바가나 비악 쓰와하(Gandharva-gaṇa bhyaḥ svāhā)

아쑤라가나 비악 쓰와하(Asura-gaṇa bhyaḥ svāhā)

가루다가나 비악 쓰와하(Garuḍa-gaṇa bhyaḥ svāhā)

낌나라가나 비악 쓰와하(Kiṃnara-gaṇa bhyaḥ svāhā)

마호라가가나 비악 쓰와하(Mahoraga-gaṇa bhyaḥ svāhā)

마누시아 비악 쓰와하(Manuṣya bhyaḥ svāhā)

아마누시아 비악 쓰와하(Amanuṣya bhyaḥ svāhā)

싸르와 그라헤 비악 쓰와하(Sarva grahe bhyaḥ svāhā)

싸르와 나끄샤뜨라 비악 쓰와하(Sarva nakṣatra bhyaḥ svāhā)

싸르와 부따 비악 쓰와하(Sarva bhūta bhyaḥ svāhā)

뿌레따 비악 쓰와하(Preta bhyaḥ svāhā)

삐사짜 비악 쓰와하(Piśaca bhyaḥ svāhā)

아빠쓰마레 비악 쓰와하(Apas-māle bhyaḥ svāhā)

찐띤나 비악 쓰와하(cintinā bhyaḥ svāhā)

옴 두루두루 쓰와하(Oṃ dhuru dhuru svāhā)

옴 뚜루뚜루 쓰와하(Oṃ turu turu svāhā)

옴 무루무루 쓰와하(Oṃ muru muru svāhā)

하나 하나 싸르와 사뜨루 남 쓰와하(Hana hana sarva śatru naṃ svāhā)

나하 나하 싸르와 두스따 쁘라두스따 남 쓰와하(Naha naha sarva duṣṭa praduṣṭa naṃ svāhā)

바짜 바짜 쁘라두스따 남 쓰와하(vaca vaca praduṣṭa-naṃ svāhā)

바짜 바짜 싸르와 쁘라뜨리-까빠라 디얌 뜨라하 남예 마히떼 스나떼 쌈싸베 쌈스리람 즈바라야 두스따 찌따남 쓰와하(vaca vaca sarva pratri-kapala-dhiyam-traḥ naṃye māhite ṣnate saṃ-save saṃ-śri-raṃ jvalaya duṣṭa citta-naṃ svāhā)

즈바라따 비야 쓰와하(Jvaratā-viya svāhā)

쁘라즈바라따야 쓰와하(Pra-jvarataya svāhā)

디쁘따즈바라야 쓰와하 (Dipta-jvalaya svāhā)

싸만따즈바라야 쓰와하(Samanta-jvalaya svāhā)

마니바드라야 쓰와하(Mani-bhadraya svāhā)

뿌르나바드라야 쓰와하(Pūrṇa-bhadraya svāhā)

마하까라야 쓰와하(Mahā-kāraya svāhā)

마뜨리가나야 쓰와하(Matṛganaya svāhā)

야끄스니남 쓰와하(Yakṣni-naṃ svāhā)

라끄사씨남 쓰와하(Rakṣasi-naṃ svāhā)

아까사마뜨리남 쓰와하(Akāśamātṛ-naṃ svāhā)

쌈무드라 데바씨니남 쓰와하(Samudra-devasini-naṃ svāhā)

라띠리짜라남 쓰와하(Ratiri-cala-naṃ svāhā)

데바싸짜라남 쓰와하(Devasa-cala-naṃ svāhā)

띠리싼디야짜라남 쓰와하(Tirisandhiyacala-naṃ svāhā)

바이라짜라남 쓰와하(Vaira-cala-naṃ svāhā)

아바이라짜라남 쓰와하(Avaira-cala-naṃ svāhā)

가르바하레 비악 쓰와하(Garbhahale bhyaḥ svāhā)

가르바싼따라니 쓰와하(Garbhasantārani svāhā)

후루후루 쓰와하(Huru huru svāhā)

옴 쓰와하(Oṃ svāhā)

쓰와 쓰바하바 쓰와하(Sva-sbhahaba svāhā)

부와 쓰와하(Bhuva svāhā)

옴 부라부와 쓰와 쓰와하(Oṃ bhula bhuva sva svāhā)

찟띠 찟띠 쓰와하(Citti citti svāhā)

빗띠 빗띠 쓰와하(Vitti vitti svāhā)

다라니 쓰와하(Dhāraṇi svāhā)

다라니 다라니 쓰와하(Dhāraṇi Dhāraṇi svāhā)

아그니 쓰와하(Agni svāhā)

떼제바뿌 쓰와하(Tejevapu svāhā)

찌리찌리 쓰와하(Ciri ciri svāhā)

스리스리 쓰와하(Śri śri svāhā)

붓디야 붓디야 쓰와하(Buddhiya buddhiya svāhā)

씻디야 씻디야 쓰와하(Siddhiya siddhiya svāhā)

만다라씻디 쓰와하(Maṇḍala siddhi svāhā)

만다라만디 쓰와하(Maṇḍala-maṇddhi svāhā)

씨마반다니 쓰와하(Sima-bandhaṇi svāhā)

싸르와 사뜨루남 깐바 깐바 쓰와하(Sarva śatru-naṃ kāṇva kāṇva svāhā)

싸잠바야 싸잠바야 쓰와하(Sajambhaya sajambhaya svāhā)

친다친다 쓰와하(Chinda-chinda svāhā)

삔다삔다 쓰와하(Pinda pinda svāhā)

쁘랑냐 쁘랑냐 쓰와하(Prajña prajña svāhā)

반다반다 쓰와하(Bandha bandha svāhā)

마하야 마하야 쓰와하(Mahāya mahāya svāhā)

마니 비마디 쓰와하(Mani-vimadhi svāhā)

쓔라예 쓔라야 비마디 비숫다니 쓰와하(Sūrye sūrya vimadhi visūddhaṇi svāhā)

짠드레 쑤잔드레 뿌르나 짠드레 쓰와하(Candle sucandle pūrṇa candle svāhā)

카라헤 비약 쓰와하(Kharahe bhyaḥ svāhā)

나끄샤 뜨라 비약 쓰와하(Nakṣa-tra-bhyaḥ svāhā)

시바 쓰와하(Śiva svāhā)

산띠 쓰와하(Śānti svāhā)

쓰와 싸띠야 야니 쓰와하(Sva-satya-yaṇi svāhā)

이시람 까르싼띠 까르뿌스띠 까르마라-마다니 쓰와하
(Ṣi-raṃ kar-sānti karpuṣti karmala-madhaṇi svāhā)

스리까르 쓰와하(Śri-kar svāhā)

스리야 마다니 쓰와하(Śriya madhaṇi svāhā)

스리야 즈바라니 쓰와하(Śriya jvalaṇi svāhā)

나무찌 쓰와하(Namuci svāhā)

마리찌 쓰와하(Mārici svāhā)

베가바띠 쓰와하(Vegavati svāhā)

이 진언은 무수한 억億의 갠지스강 모래 수만큼의 모든 부처님의 지혜의 근본이며, 무량한 모든 부처님께서는 이 진언으로부터 나오셨다. 부처님께서 도를 이루심〔成道〕은 이 진언을 지니셨기 때문이니, 삼세의 모든 부처님께서는 무수한 만억萬億 겁을 전생하시면서 무수한 겁이 다하도록 비로자나여래의 법계 지혜로 (성도成道를) 구하셨고 얻으셨다. 이런 연유로 이를 '구함에 따라 곧바로 얻는 진언〔隨求卽得眞言〕'이라고 한다. 일체 모든 부처님도 이 진언을 얻지 못하였다면 성불을 하실 수 없다. 외도·바라문이라 해도 이 진언을 얻는다면 성불을 속히 할 수 있다. 어떤 연유인가 하면, 옛적에 마갈타국에 한 바라문이 있었다. 구박俱博이라는 바라문인데 부처님을 만나지도 않았고 불법을 듣지도 못하였고 6바라밀을 행하지도 않았으며 사무량심에 머무르지도 않았고, 날마다 양·곰·사슴·거위·오리·거북이 등의 고기 종류를 먹고는 (먹은 종류대로) 각각 (윤회전생을 하였는데) 하루에 50번 혹은 100번을 (축생으로 죽었다가) 태어났었다. (그렇게 하여) 250생의 수명을 겪고는 곧바로 인간계를 벗어나 염라왕궁에 도달하게 되었는데, 염라왕이 제석천에게 "이 죄인은 어떤 지옥에 보내야 합니까? 죄의 경중은 어떠합니까?"라고 고하였다.

제석천은 "이 사람의 죄는 헤아릴 수가 없고 산수로도 계산을 할 수가 없으며 선행의 황금기록부에 선행이라고는 한 가지도 (기록이) 없고 악행의 철기록부에는 계산을 할 수 없을 정도이니 속히 아비지옥으로 보내야 한다."라고 말하였다.

곧 옥졸은 일처리에 몰두하였는데, 이때 지옥이 갑자기 연꽃 연못으로 변하면서 팔공덕수[5]가 가득하였다. 그 중에는 여러

---

5 8공덕수八功德水: ①징정澄淨: 물이 맑고 청정하여 오염이 없다. ②청냉淸冷: 물 자체가 맑고 선명하며 시원하다. ③감미甘美: 이 물을 마시면 감미롭다. ④경연輕輭: 가뿐하면서도 유연하다. ⑤윤택潤澤: 물이 윤택하여 빛이

가지 연꽃이 있었는데 이른바 청색·백색·홍색·자색으로 모든 연꽃 가운데 (가장) 수승한 색들이었다. 그 연꽃 위에는 각각 죄인들이 앉았는데 모든 고통이 없었으니, (옥졸) 마두馬頭와 우두牛頭가 염라왕에게 "이 지옥이 기이하고 이상합니다. 이 죄인이 잘못으로 왔는데, 지옥이 청정국토로 변하였고 죄인이 부처님과 다름이 없습니다. 제가 보고 듣기로는 이와 같이 (악행의) 일을 한 자입니다."라고 말하였다.

이때 염라왕이 제석궁에 가서 "이 구박俱博은 죄인이 아닙니다."라고 아뢰었다. 마치 위에서 설한 것처럼 신통의 변화였던 것이다.

제석은 "(이 자의 행적을 보면) 두 번의 생에서도 선행이라고는 한 티끌만큼도 없었으니, 나로서는 아는 것이 없다."라고 대답을 하고는, 곧바로 부처님세계에 이르러 석가모니 부처님께 "구박俱博의 선행이 어떠한데 신통의 변화가 이와 같사옵니까?"라고 아뢰었다.

이때 부처님께서 제석천에게 "구박 자신은 생生에서 한 가지 선행도 짓지 않았다. 오직 인간의 뼈만 보일 뿐이다."라고 말씀

난다. ⑥안화安和: 몸과 마음이 안온하고 화평하고 병환이 없다. ⑦제기갈除饑渴: 굶주림과 갈증을 없앤다. ⑧장양제근長養諸根: 모든 감각기관을 잘 다스려 삼매와 변재辯才가 무궁하다.

하셨다.

제석이 곧 인간계에 내려와 분향소에 가보았더니, 구박의 분향소 서쪽으로 1리쯤에 스투파(탑)가 있었는데 그 안에 이 근본진언이 있었다. 낡은 스투파(탑) 내에 진언이 지상으로 떨어져 그 글 가운데 한 글귀가 바람을 타고 구박의 해골 위에 붙어 있었다.

이때 제석천이 돌아왔는데, 기이하고 이상하게도 여덟 지옥이 옮겨져 있었고, 각 지옥마다 (연꽃 연못으로) 이와 같아서 (죄인들이) 고통을 당하지 않았다.

이때 구박과 함께 모든 죄인들이 모두 32상을 갖추었고 80종호가 원만하였고, 일시에 (모두들) 연화대의 화장세계의 모든 부처님·보살로 (변화)되었는데, 상방세계의 무구無垢 부처님이 구박이었다.

(이 근본진언이) 죄를 소멸함이 이와 같은 효능이거늘 하물며 자신이 (이 근본진언을) 지님이랴! 만약 지극한 성심〔至心〕으로 (이 근본진언을) 지니고 염송하는 사람이라면 어떠한 죄가 조금 있다 해도 허용하나니, 이 진언을 일러 "구하는 바에 따라 곧바로 얻게 되고 성불을 자재하게 하고〔隨求卽得成佛自在〕, 복덕을 구함에도 자재하고 칠보를 구함에도 자재한 것이다."라고 한다.

이에는 일곱 가지 명칭이 있기 때문으로,

첫째, 심불심心佛心진언이니, 비로자나여래심지心智 가운데의 지혜의 마음〔智心〕이기 때문이다.

둘째, 일체불심인一切佛心印진언이니, 모든 부처님의 매우 심오한 지심인智心印이기 때문이다.

셋째, 관정灌頂진언이니, 지니고 염송하는 자에게 관정을 하기 때문이다.

넷째, 관정인灌頂印진언이니, 번뇌를 씻고 보리를 각인시키기 때문이다.

다섯째, 결계結界진언이니, 죄의 장애를 없애고 모든 마귀〔魔〕를 피하고 없애기 때문이다.

여섯째, 불심佛心진언이니, 부처님의 진실한 마음의 지혜이기 때문이다.

일곱째, 심중心中진언이니, (근본 진언인) 이것을 초월할 법이 없기 때문이다.

지니고 염송하는 자〔持念者〕도 역시 또 이와 같이, 마치 부처님이 모든 법의 왕이듯이 (지니고 염송하는 자도) 가장 최상이며 제일이니라.

멸악취여! 이 진언은 일체 중생들을 구제할 수 있는 것이며, 이 진언은 일체 중생들의 모든 고뇌를 여의게 할 수 있으며,

이 진언은 일체 중생들에게 크게 요익하게 할 수 있으니, 그들의 원하는 것을 충만하게 하느니라.

예컨대 부처님께서 일체 고뇌의 중생들을 구제할 수 있는 것과 같으니, 마치 추운 자가 불을 얻은 것과 같고, 헐벗은 자가 옷을 얻은 것과 같고, 고아의 자식이 어머니를 (찾아) 만난 것과 같고, (강을) 건널 자가 배를 만난 것과 같고, 병자가 의사를 만난 것과 같고, 어두움에서 등불을 얻은 것과 같고, 빈궁함에서 보물을 얻은 것과 같고, 횃불로 어두움을 없앰과 같이, 이 진언도 역시 또 이와 같이 중생에게 일체 고통과 일체 병고를 여의게 할 수 있고, 일체 생사의 속박을 벗어나게 하나니, 즉 염부제 사람들의 병의 양약이 되기 위함이니라.

만약 병이 있는 사람이 이 진언을 듣고 얻었다면 병은 곧 소멸할 것이다. 선남자나 선여인이 잠시 이 진언을 들은 자가 있다면 (업보로) 갖고 있던 일체 죄의 장애가 모두 소멸하게 되니라. 비록 음란을 범한 일체 여인이라 해도 태생의 고통을 받지 않을 것이다. 어떤 연유인가 하면, 진언을 지닌 자나 (이 진언에) 친히 공양을 하는 남자나 여자라면 모두 부처님의 몸과 같기 때문이니라.

만약 (이 근본진언을) 지니고 염송하는 자라면, 마땅히 이 사람은 금강신〔金剛身; 부처님의 몸〕이라서 불도 태울 수 없는 줄 알아야 하느니라. 마땅히 여래께서 신통력으로 이 사람을 옹호하는 줄 알아야 하느니라. 마땅히 이 사람은 여래의 몸인 줄 알아야 하느니라. 마땅히 이 사람은 비로자나여래의 몸인 줄 알아야 하느니라. 마땅히 이 사람은 여래장〔如來藏; 진여 혹은 불성〕인 줄로 알아야 하느니라. 마땅히 이 사람은 여래안如來眼인 줄 알아야 하느니라. 마땅히 이 사람은 금강의 갑옷을 입은 줄로 알아야 하느니라. 마땅히 이 사람은 광명의 몸〔光明身〕인 줄로 알아야 하느니라. 마땅히 이 사람은 파괴시킬 수 없는 몸〔不壞身〕인 줄 알아야 하느니라. 마땅히 이 사람은 일체 원한의 적이 굴복시킬 수 없는 줄 알아야 하느니라. 마땅히 이 사람은 갖고 있던 죄의 장애가 모두 다 소멸하는 줄 알아야 하느니라. 마땅히 이 진언은 지옥의 고통을 능히 소멸시키는 줄 알아야 하느니라.

나는 불도佛道로 무량한 국토로부터 시작하여 지금에 이르기까지 모든 법을 널리 설하여 헤아릴 수가 없지만, 그 가운데 이 진언이 가장 최상이며 제일이니 비교할 수가 없느니라. 삼천대천세계에서 비록 일체 중생을 살해한다 해도 (삼악도三惡道의) 악취惡趣에 떨어지지 않나니, 이유는 이 진언의 위력 때문이거늘 하물며 인간의 고난을 받겠는가! 항상 (이 진언의 위력은) 칠보의 비로 병고의 환난과 재난災難을 없게 하고,

일체 구하고자 하는 것을 모두 만족하게 하고, 몸과 마음을 안온하게 하고, 무량한 복과 수명이게 하느니라.

멸악취여! 아래에 있는 일곱 가지 소진언小眞言은, 이것(근본진언)을 지니고 염송할 수 없는 자를 위한 근본진언의 별도의 명칭인 것이다. 만약 아이가 있는 여자가 대진언大眞言(근본진언)을 도저히 지닐 수 없는 자라면 능력에 따라 지니도록 일일이 (다음의) 진언을 설하겠다.

(1) 심불심心佛心 진언

옴 싸르와 따타가따 붓떼(Oṃ sarva tathāgata budte)

*비로자나 여래의 금강계 구회九會 만다라의 세계

쁘라바라비가따바예(pra-baravigatabhaye)

*도혜·도종혜·일체지·일체종지의 사지四智를 갖추신 여래

쌈마야 바와메(samaya bhavame)

*여래의 일체지

바가바띠 싸르와 빠삐 비악(bhagavati sarva pāpi bhyaḥ)

*사지四智의 일체지

쓰와 싸뜨바 바뚜 무니 무니(sva-sattva-vatu muni muni)

* 금강계 만다라 중의 37존

비무니짜레－레(vimuṇi-cale-le)

* 37존의 일체지

짜레니 바야비가떼(caleṇi bhaya-vigate)

* 현겁의 16존

바야 하라니(bhaya harani)

* 일체지

보디 보디(boddhi-boddhi)

* 중생들을 제도

붓다야 붓다야(buddhaya-buddhaya)

* 중생들에게 지혜를 베풂

붓디리 붓디리(buddhiri-buddhiri)

* 중생들에게 양약을 베풂

싸르와 따타가따(sarva tathāgata)

* 중생들에게 진귀한 보배와 음식을 베풂

흐리다야조스떼 쓰와하(hṛdayajyo-ṣte svāhā)

* 중생들에게 안락을 베풂

(2) 일체불심인一切佛心印 진언

옴 와즈라바띠(Oṃ vajra-vati)

＊삼세의 모든 부처님

와즈라 쁘라띠스띠떼-마디 싸르와 따타가따 무드라(vajra pratiṣṭite-madhi sarva tathāgata mudrā)

＊일체지인一切智印으로 육바라밀을 성취

띠스띠나 띠스띠떼 마하 무뜨레 쓰와하(tiṣṭina tiṣṭite mahā -mutṛe svāhā)

＊일체 모든 현상적인 존재에 대한 영험을 현존에서 성취

(3) 관정灌頂 진언:

옴 무니무니(Oṃ muni-muni)

＊일체 여래께서 모두 대회에 모이셨음

무니바레(muni-bale)

＊지혜의 공덕수를 흘러나오게 하심

아비신짜뚜맘 쓰와 따타가따(abhiṣiñcatu-maṃ sva-tathāgata)

＊부처님께서 지혜의 공덕수로 관정을 하시니 일체 여래께 귀의함

쓰와 비니야 비세히야(sva-viniya bhiṣehiya)

*번뇌와 알음알이의 장애로 물든 160개의 몸을 씻어냄

마하 와즈라 하바짜(mahā-vajla-havaca)

*생사의 일체 고통을 영원히 끊어냄

무드라 무드리타(mudrā mudrita)

*내가 (여래께) 들어감

쓰와 따타가따 흐리다야 띠스띠따 바즈레 쓰와하(sva-tathāgata hṛdaya tiṣṭita vajle svāhā)

*여래께서 법계와 같은 법신의 몸으로 함께 편재하심

(4) 관정인灌頂印 진언

옴 아므리따 바레(Oṃ amṛta-vare)

*모든 부처님께서 대회에 모이셔서 지혜의 공덕수를 나오게 하여 마정·호념을 성취시키심

와라와라(vara-vara)

*보리를 성취

쁘라와라 비슛디히(pravara-viśuddhi)

*등정각을 성취

훔(hūṃ)

*중생의 번뇌를 끊음

훔(hūṃ)

*중생의 알음알이의 장애를 끊음

파뜨-파뜨 쓰와하(phaṭ phaṭ svāhā)

*자타가 열반을 성취

(5) 결계結界 진언

옴 아므리따-비로끼니(Oṃ amṛta-vilokiṇi)

*화염주를 성취

가르바 싼 라끄샤니 아끄샤니(garbha saṅ rakṣani akṣani)

*철로 된 소금 담장 및 철 그물망을 성취

훔(hūṃ)

*귀신을 피하고 없앰

훔(hūṃ)

*모든 귀신을 살해했음을 앎

파뜨 파뜨(phaṭ phaṭ)

*일체 귀신이 모두 미진으로 변하고 또한 생기지 못함을 성취

쓰와하(svāhā)

*성취

(6) 불심佛心 진언

옴 비말레(Oṃ vimale)

*법계에 여래의 지혜가 편재함

자야-바레 아므리떼 훔훔 훔훔 파뜨 파뜨(jaya-vare amṛte hūṃ-hūṃ hūṃ-hūṃ phaṭ phaṭ)

*삼계의 중생들이 모두 불성이 있음을 성취

쓰와하(svāhā)

*성취

(7) 심중心中[6] 진언

옴 바라바라 쌈바라 쌈바라(Oṃ bhara-bhara sambhara

---

6 심중心中: 심心은 정요精要를 뜻하니, 심중心中이란 진언 가운데 정요임을 뜻한다.

sambhara)

＊여래의 지혜와 마음이 중생들을 이롭게 함

인드리야-비소다니 훔훔 루루-짜레 쓰와하

(indriya-viśodhaṇi hūṃ-hūṃ ruru-cale svāhā)

＊마음과 부처와 중생 셋이 차별이 없음

부처님께서 멸악취보살에게 "이 진언의 명칭을 구하는 바에 따라 곧바로 얻는 진언〔隨求卽得眞言〕이라고 하니, 일체 죄업 등의 장애를 없앨 수 있고 일체 사바세계〔穢〕[7] 악도의 고통을 없앨 수 있다. 멸악취여! 이 진언은 무수한 억의 갠지스강의 모래 수만큼의 억(億; koṭi)·백·천의 모든 부처님들께서 같이 공개적으로 알리어 설하셨으니, 수희隨喜[8]하거나 받아 지니는 사람은 여래의 지인智印[9]으로 그를 인증한다. (이 수구즉득진언隨求卽得眞言은) 일체 중생들의 사바세계의 악도를 파괴하고자

---

7 예穢: 범어 saṃkleśa의 의역으로 예토穢土라고도 하며, 범부가 거주하는 사바세계를 말한다.

8 수희隨喜: 범어 anumodanā의 의역으로, 타인의 선행이나 공덕의 기쁜 일을 보고 자기 내심으로 그것을 기뻐하거나 좋아하는 것을 말한다.

9 지인智印: 부처님이나 보살이 내적으로 구족한 지혜의 삼마야 상태를 일컫는다.

하였기에, 다급한 고난에 처하고 생사의 바다에 떨어진 중생들에게 해탈을 얻게 하고자 하였기에, 단명하고 박복한 중생들을 구제하고 보호하고, (세상의 쾌락을) 즐거움으로 여겨 잡스런 악업을 지은 중생들 때문에 설한 것이다. 또 이 진언은 모든 고통스런 곳의 부류들, 즉 지옥악도의 중생들·여러 부류로 (사바세계에서) 생사유전을 하는 고통스런 박복한 중생들·불신하며 정도正道를 잃은 자들로, 이와 같이 모두 해탈을 얻게 하기 위한 것이다."라고 말씀하셨다.

III. 결론〔유통분〕

멸악취보살에게 부촉 및 권신과 유통에 대한 총결

그때 부처님께서 멸악취(보살)에게 말씀하셨다.

“이 진언을 그대에게 부촉咐囑하나니, 이 진언의 위력으로 고해苦海의 일체 중생들을 제도할 수 있노라.

멸악취여! 그대는 마땅히 (이 수구즉득진언을) 지니고 염송해야 하며 관심觀心수행〔觀行; yoga-mārga〕을 하고 수호하며 잊거나 잃지 말라.

멸악취여! 어떤 사람이 순간의 찰나에 이 진언을 듣고 얻었다면, 천겁 이래로 쌓아온 악업의 막중한 장애로서 응당 여러 부류로 생사유전을 응당 받아야 하지만 지옥·아귀·축생·염라왕계·아수라의 몸·야차·나찰귀신·뿌따나〔pūtanā; 여자악귀〕·아빠쓰마라〔Apasmāra; 간질병귀신〕·모기·용·거북이·개·구령이 뱀·일체 조류 및 모든 맹수, 일체 꿈틀거리는 생물〔蠢動含靈〕에서 개미의 몸에 이르기까지 다시는 (윤회전생의 몸을) 거듭 받지 않고, 즉 모든 부처님 여래의 일생보처로 바뀌어 태어나므로 보살들과 함께 하는 곳에 태어나거나 혹은 대 가문의 바라문의 집에 태어나거나 혹은 대 왕족의 집에 태어나거나 혹은 부귀한 가장 명문가에 태어난다.

멸악취여! 이런 사람들로 위에서처럼 귀한 곳에 태어난 자는 모두 이 진언을 듣고 배웠기 때문에 바뀌어 태어나는 곳에서 모두 청정을 얻고 불퇴전(아비발치보살)이 되었다.

멸악취여! 그리고 보리도량의 가장 수승한 곳에 이르게 되어 모두 찬미를 하니, 이 진언의 공덕이 이와 같다. 이런 인연으로 이를 '구하는 바에 따라 곧바로 얻는 진언〔隨求卽得眞言〕'이라 한다.

다음은 (지송의궤로) 밀인密印[10] 등을 설하겠는데, 밀교의 만다라(maṇḍala; 단壇)에서 상징하는 중앙의 비로자나(대일여래)여래·동방의 아촉여래·서방의 무량수여래·남방의 보생여래·북방의 불공여래〔五如來〕의 심오한 비밀의 진실한 지의旨意와 계합〔密想〕하도록 (오방에 인을 찍으니) 첫 번째 인印[11]을

10 밀인密印: 범어 choma의 의역으로, 모든 부처님이나 보살님들 본원의 비밀을 현시顯示하는 인계印契, 즉 수인手印을 말한다.

두 유방 사이의 가슴〔心〕에다 인을 찍고, 그 다음은 정수리에다 인을 놓고, 다음은 이마의 미간에다 인을 찍고, 다음은 양쪽으로 즉 양쪽 눈썹〔兩眉〕에다 찍는데 먼저 오른쪽을 찍고 다음은 왼쪽에서 마친다. 이는 즉 결인을 마친 것이다. (신밀身密로) 내 몸이 두루 (광명을 놓아) 비추고, (구밀口密은) 혀〔舌〕에 대해서이니 금강(金剛; vajra; 견고함·최상·최승)을 관하고, (의밀意密의 인印으로) 먼저 양 손바닥을 맞대고 양 손가락들의 머리를 교차하여 금강합장金剛合掌을 하고 바로 두 식지를 맞대어 병甁의 모양으로 하고 두 엄지를 붙여서 곧게 세워 금강박金剛縛을 하면 인바라밀과 원바라밀〔忍願〕이 마치 근면한 몸 같고, 정진바라밀과 역바라밀〔進力〕이 등에 붙은 것 같고, 인바라밀과 원바라밀〔忍願〕이 마치 발우를 바로 놓은 것 같고, (발우의) 뒷면에 (둥글게) 굽혀진 것이 마치 보배 모양 같고, (발우를) 옮겨도 마치 연꽃 같이 굽혀졌고, (인忍·원願·진進·력力의) 부분이 손바닥 가운데에서 (일체一體로) 화합하니, 단바라밀·

---

11 인印: 범어 mudrā의 의역으로, 인印은 인상印相 혹은 수인手印·밀인密印·인계印契라고도 한다. 인이란 믿음[信]을 뜻하니, 즉 인은 결정을 인가하는 것으로 결정을 바꿀 수 없다는 의미이다. 이는 모든 본존불의 내증의 본원서원의 공덕을 상징하는 것으로 수행자가 모든 본존불의 본원의 서원에 상응함으로서 몸과 입과 마음의 삼밀三密의 상응 가지력加持力에 의해 본존과 서로 상입이 되어 실지(悉地, siddhi)의 성취를 얻게 된다.

혜바라밀·선바라밀·지바라밀이 화합하여 즉 비밀인秘密印이 된다. 이 다섯 비밀인秘密印이 밀법密法 중의 밀密이고 비秘 중의 비秘이니, 아阿[12]가 아니고선 전할 수가 없어 (밀법의) 진언수행승〔闍梨〕이 만약 알고 있다면 법제자는 적합하게 따라 할 것이다. 배워듣고 법단法壇을 만드는 자는 법화의궤法華儀軌처럼 하라. 더 이상 설하지 않겠노라."

그때 부처님께서 멸악취보살에게 말씀하셨다.

"그대는 지금 잘 들어라. 내가 그대를 위해 마땅히 잘 설하리라. 이 진언을 받아 지니되, 또한 단명하는 모든 중생을 위해 설하나니, 마땅히 목욕하고 새로 깨끗한 옷으로 갈아입고 날마다 아홉 번을 지송하면 단명하는 중생이 다시 수명이 증장하게 되고, 병고를 (세세생생) 영원히 여읠 것이며, 일체 업장도 모두 소멸되고, 일체 지옥의 모든 고통도 역시 해탈하게 되리라.

모든 나는 새와 축생·의식을 갖고 있는 중생〔含靈〕의 종류로서, 이 진언을 귀로 한 번 듣게 된다면 그 몸(금생의 수명)이

---

12 아阿: (1) 범어 문자에서 아阿(A) 자字는 부정의 의미이다. (2) 밀법密法에서는 아자阿字에 일곱 가지의 의미가 있다. 즉 ①보리심, ②법문, ③무이無二, ④법계, ⑤법성, ⑥자재, ⑦법신이다. 밀법에서 있어서 아자관阿字觀의 아자阿字는 관법觀法의 대상으로 만유萬有의 근원을 상징한다.

다하고 나면 다시는 또 (수태의 몸을) 받지 않는다.

만약 대 악병惡病을 만났어도 이 진언을 듣는다면 즉 일체 모든 병을 (세세생생) 영원히 여의고 소멸할 것이고, 응당 (임종할 때에) 악도에 떨어져야 할 것도 역시 끊고 없애나니 즉 적정세계寂淨 世界에 왕생을 하게 된다.

이 몸 이후로 다시는 포태의 몸을 받지 않고 태어나는 곳의 연화대에 화생하게 된다. 일체 태어나는 곳의 연화대에 화생을 하고, 일체 태어나는 곳에서 항상 숙명宿命의 앎으로 (진언을 세세생생) 억념하고 지녀 잊지 않게 된다. 어떤 사람이 먼저 일체 극악한 중죄의 업을 지어서 (죄업을) 좇는다면 명命에 그 악업이 얹어져 응당 (임종할 때) 지옥에 떨어지거나 혹은 축생에 떨어지거나 염라왕계에, 혹은 아귀에 떨어지거나 대 아비지옥에 떨어지거나 혹은 수중水中에 태어나야 한다.

만약 금수로서 다른 종족의 몸이지만 이 진언의 표제의 이름을 들었거나 한 글귀라도 귀로 한 번 들었다면 이와 같은 (축생의) 고통을 다시는 받지 않고 업장이 모두 소멸되어 속히 부처님 세계에 태어나게 된다.

어떤 사람이 한 글귀라도 지닌 사람을 친히 가까이 한다면 이 사람은 대열반을 얻게 되고 또 수명도 증장하고 수승한 즐거움을 받게 된다. (금생의 수명이 다 되어) 이 몸을 버리게 되면 여러 가지로 미묘한 모든 (불)국토에 왕생을 하게 되고 항상 모든 부처님들과 함께 한 곳에서 만나게 된다.

일체 여래는 항상 미묘한 의미를 연설하나니, 일체 세존들께서 그에게 수기를 하시어 (그의) 몸에서 (나는) 광명이 일체 부처님 국토에 비추게 된다.

이 진언의 공덕력을 간략히 해도 이와 같다. 만약 어떤 선남자 선여인이 이 진언에 대해 끊임없이 생각을 한다면 의심을 하지 말라. 만약 어떤 선남자 선여인이 의심하는 자라면 세세생생 진언의 영험을 얻지 못할 것이며, (살아생전의) 현세에서는 흰 문둥병〔白癩病〕을 얻게 된다.

내가 중생들의 이익을 위해 이 진언을 설하였다. 빈궁하고 비천한 중생들에게 이 여의마니보如意摩尼寶를 전하노라. 비로자나여래의 일체지인一切智印의 매우 깊고 미묘한 법장이니, 항상 지니고 염송하는 사람을 마땅히 부처님처럼 공경하라.

『금강유가최승비밀성불수구즉득신변가지성취다라니의궤金剛瑜伽最勝秘密成佛隨求卽得神變加持成就陀羅尼儀軌[13]』 끝

13 의궤儀軌: 범어 kalpa sūttra의 의역으로, 교계敎誡·규칙規則을 뜻하는 의식경전儀式經典을 말한다. 밀부密部의 경전에서는 모든 불·보살·천부天部 등 비밀법단의 밀인(수인)·공양·삼마야·만다라·염송 등의 일체

의식궤칙儀式軌則을 설하는 경전이다. 또한 의식의궤의 경전을 통칭하기도 한다. 원래 전체의 명칭은 비밀유가관행의궤秘密瑜伽觀行儀軌·염송의궤·비밀의궤·삼마야의궤, 수행법·염송법·공양법·삼매야법의 밀궤密軌라고도 칭한다.

본 의궤는 『신수대장경新修大藏經』 제20책冊에 수록되어 있다.

부록

수구즉득다라니 지송법요

다라니(진언·신주神呪·총지摠持)는 모든 부처님의 어머니이고 성불의 종자라고 했다. 일체 부처님은 모두 다라니로부터 나오셨고, 일체 십이부경도 모두 다라니의 비밀장秘密藏에서 나온 것이고, 불보살의 만행도 모두 다라니에서 나온 것이라고 한다. 또한 진언의 한 글자 한 글자는 모두 다라니의 무상법계이다. 예컨대 『신변소神變疏』에 말하길 "무상법계는 모두 다 진언(다라니)이고, 진언은 모두 다 무상법계이다."라고 하였다.

한편 『만다라소』에서 말하길 "여래의 신주를 염하는 마음 마음이 여래의 마음과 은연중에 계합하니, 보살의 밀언(密言; 신주·진언)을 암송하면 발원이 은연중에 보살의 원과 일치한다. 어찌 생사를 벗어나지 않겠으며, 어찌 열반을 증득하지 않겠는가!"라고 했다. 그러므로 일체 여래의 비밀신주秘密神呪는 모든 부처님의 심인心印이라서 무량한 명왕(明王; vidyā-rāja; 밀교의 제존)이나 천룡팔부 신중들이 모두 호지하고 보호해 준다. 또한 이 신주는 묘약과 같고 천상의 감로(amṛta)와 같은 영약靈藥이라서 일체 중생들의 마장을 떨치고 병고액난의 고통을 소멸시키나니 복용을 하면 안락하다고 했다.

『대비심경』에서 말하길 "주呪를 지송하는 자는 일체 구하고자 하는 바가 모두 따르게 된다. 오직 주呪만을 제외하고 의심하라."라고 하였다. 또한 『대비심다라니경』에서 말하길 "다라니를 지송하는 자는 입에서 하는 말이 선善이든 악이든 일체 천룡이 들으면 모두 청정법음이다."라고 하였다. 이처럼 일체 다라니 진언의 힘은 불가사의하다. 이는 오직 일체 부처님만 알 수 있고 그 외의 보살위菩薩位도 모른다고 하였다. 하물며 범부인 우리들이 그 모든 부처님의 경계를 알겠는가! 우리는 단지 일심으로 지송을 할 뿐이지만 가지력加持力으로 죄업장을 소멸하고 공덕을 성취하여 범부위를 초월해 성인의 경지에 들어간다. 범부가 다라니를 지송持誦하면 현인·성인이 되기 때문이다. 세속사람들이 들으면 비방하고 훼방하며 불신할 것이다. 만약 진언수행을 배우고자 하고 행하고자 하는 자라면 마땅히 '겸허한 마음으로 배우고 감성으로 헤아리지 말라'고 했음을 명심해야 할 것이다.

1. 수구즉득다라니 가피의 효험

①

어느 때인가 부처님께서 대금강수미산 석굴의 누각에서 대금강삼매에 안주하셨으며, 금강의 도량인 천제석의 궁전에다 대금강의 가피력을 내리시어 억 나유타那由他[14]의 백천 장엄의 대금강사자좌에서 설법을 하시자 일체 여래의 가피력이 있었다. 일체 법의 평등에 들어가 삼마야지(일체지)가 나오자 84억 나유타의 보살대중이 함께 하였는데, 모두 일생보처로 아뇩다라삼먁삼보리로 불퇴전을 얻었고, 모두 대세력을 얻어 모두 대금강해탈삼매 경지의 불국토의 신통을 시현하였다. 그 이름은 금강장보살마하살·금강안보살마하살·금강신보살마하살·금강혜보살마하살·금강수보살마하살·금강상격보살마하살·금강나라연보살마하살·금강유희보살마하살·금강적보살마하살·금강계보살마하살·금강묘보살마하살·금강당보살마하살로, 이와 같은 상수보살마하살들이 함께하였다. 또 대성문대중으로 모두 대아라한들이며, 모든 결사를 끊어 일체 번뇌가 소멸되었고, 정지正知를 잘 얻었고, 마음은 해탈을 잘 하였으

14 나유타那由他: 범어 nayuta의 음역으로, 인도의 수량 단위 가운데 억 또는 무량수를 뜻한다.

며, 불가사의한 신통력의 경지를 시현하여 유희를 하였고, 모두 대세력을 얻어 보는 것에 집착이 없었다. 그 이름은 장로〔具壽〕 사리자·장로 만자자滿慈子·장로 겁빈나·장로 수보리·장로 가섭파·장로 대가섭파·장로 우루빈나가섭파로, 이와 같은 상수 대성문대중이 함께하였다. 또 대자재천자를 상수로 무량하고 무변한 불가설의 아승지(무량한 숫자)로 정거천자 대중이 함께하였고, 청정한 불법승에 신심이 있는 천룡·야차·건달바·아수라 등등 무량하고 무변한 아승지의 권속들이 함께하였다.

그때 부처님께서 정수리의 상호에서 대광명을 놓으시니 일체 여래 광명의 네트워크〔網〕로 이 삼천대천세계에서 갠지스강의 모래 수만큼의 부처님세계에까지 두루 비추었고, 저 세계에 계시는 모든 여래께서도 대장엄의 누각에서 무량한 보배로 장식된 사자좌에서 설법을 하시는데, 일체 보살 및 대성문비구와 비구니·청신사·청신·천룡·야차·건달바·아수라 등등에게 모두 비춰지고 현현함을 (그들에게) 분명히 알게 하였다.

이때 세존께서 게송〔伽陀, gāthā〕을 설하셨는데

"내가 지금 수구隨求를 설하는 것은 모든 유정(중생)을 애민이 생각하기에 이 대다라니를 설하니, 조복하기 어려운 자를 능히 굴복시키느니라. 모든 극악한 중죄라 해도 만약 이 수구다라니를 듣고 얻었다면 일체 죄가 소멸하느니라. 안락한 모든 유정은 일체 병에서 해탈할 수 있고, 대비로 중생을 생각하기 때문에 세존이 설하는 것이다. 해탈을 얻게 하기 때문에 모든 악도를 떨쳐버리는 것이다.

수구隨求를 받아 지니는 자는 금강비밀주인으로 세상을 보호하는 사천왕이 저 지송하는 사람을 밤낮으로 항상 가피와 보호를 하느니라. (이외의) 일체 진언법도 모두 다 얻고 성취하고, 일체 단壇을 만들어 들어가도 삼매야三昧耶를 얻고 성취하니, 여래가 성실하게 설하노라. 악몽도 침범하지 못하며 모든 죄가 다 소멸하고 번뇌 및 원한의 적이 화를 일으켜도 소멸하느니라." 라고 하셨다.

부처님께서 이 수구다라니를 설하시고 나서 대범천에게 "선남자 선여인이 만약 이 다라니를 들은 자라면 모든 일체 죄의 장애가 모두 소멸됨을 알라. 만약 독송을 하고 마음으로 받아 지닌다면 이 사람은 즉 금강과 같은 견고한 몸이니, 불도 태울 수 없고, 칼도 해칠 수 없고, 독에도 중독되지 않는 줄 마땅히 알라.

이 대수구무능승다라니는 일체 여래 심인心印의 가지력(가피력)인 것이라서 대신통의 효험이 있으니, 그대는 마땅히 받아 지녀야 하느니라. 이 다라니는 모든 부처님께서 후대 말법의 시대에 단명하고 박복하고 복이 없고 복을 닦지 않는 자를 위해 그와 같은 유정들에게 이익을 만들어 주고자 하였기 때문인 줄 마땅히 알라.

이 대수구다라니를 법에 의해 사서寫書하여 팔이나 목에다 건다면 이 사람은 금강과 같은 견고한 몸인 줄 마땅히 알라. 이 사람은 일체 여래의 몸인 줄 마땅히 알라. 이 사람은 일체 여래장의 몸인 줄 마땅히 알라. 이 사람은 일체 여래의 치성광명의 몸인 줄 마땅히 알라. 이 사람은 파괴되지 않는 갑옷을 입은 줄 마땅히 알라. 이 사람은 일체 원한의 적을 굴복시킬 수 있는 줄 알라. 이 사람은 일체 죄의 장애를 태울 수 있는 줄 마땅히 알라. 이 사람은 지옥도 청정한 땅으로 할 수 있는 줄 알라.

이 다라니가 마땅히 대세력이 있는 줄 알고, 그대가 마땅히 받아 지니고, 사서하고, 독송하고, 법에 의해 몸에 지니면 항상 일체 고뇌와 일체 악취를 멀리 여의고, 번개 우박이 상해를 할 수 없느니라."라고 하셨다.

여래께서 또 다시

"(대수구다라니를 지닌) 저 선남자 선여인은 일체 죄의 마장을 쳐부술 수 있고 일체 질병을 떨칠 수 있고 일체 재난과 횡재橫災를 떨칠 수 있고 일체 근심의 고뇌를 없앨 수 있고,

항상 일체 천룡이 수호를 하는 것이다.

이 대수구대무능승다라니의 명칭은 극히 얻기도 듣기도 매우 어렵지만, 모든 죄를 없앨 수 있고, 대 능력과 용맹함을 갖춘 대 위력의 신력神力으로 무량한 공덕을 생기게 할 수 있고, 일체 마의 무리〔魔衆〕를 쳐부술 수 있고, 일체 습기가 뭉친 것 및 악마의 속박〔魔羅羂〕을 끊을 수 있고, (외도의) 타他 진언의 독약 기도법이나 서로 증오하는 법·항복법을 없앨 수 있고, 악심을 일으킨 중생을 대비심을 갖도록 할 수 있고, 부처님과 보살 성인 대중에게 공양하기를 즐거워하는 사람을 보호할 수 있고, 사서를 하고 수지 독송을 하고 대승의 경전을 듣고 공부하는 자나 또 부처님보리를 수행하여 만족하고자 하는 자도 보호할 수 있다.

이 다라니는 대세력이 있어서 신통으로 보호할 수 있고 피안에 이르게 한다. 만약 억념하고 위험한 곳이라면 모두 해탈을 얻게 하고 마음이 즐겁고 청정하고, 악심이 있는 유정을 대자심大慈心을 내게 한다. 대범천! 그대는 마땅히 억념을 해야 하고 진리처럼 생각을 가져야 하고 법에 의해 사서를 하고 항상 갖고 지녀야 하느니라."라고 말씀하셨다.

부처님께서 대범천에게

"만약 어떤 사람이 여래신명다라니如來身明陀羅尼 장구章句

로 가피를 주고 구제하고 섭수하고 가호를 하고 식재息災를 행하고 길상법을 행하고 귀양 가는 벌을 막는다면 대가호가 성취될 것이다.

만약 사람의 수명이 다 되어갈 때 이 진언을 독송한다면 다시 연명되어 목숨이 증가하고 오래도록 명을 보존하고 항상 안락을 얻고 대념大念을 얻어 지니게 된다.

만약 금강저로 염송과 가지加持를 할 경우 혹 비명으로 대질환을 앓는 자라 해도 모두 해탈을 얻게 되니, 일체 질병이 모두 소멸된다. 긴 병의 환자라 해도 이 진언을 독송하고 가사의 끝자락으로 저 병자에게 털면서 가지加持를 하면 바로 차도를 얻는다.

매일 독송하는 자는 대지혜의 총명함을 얻고 위력으로 크게 용맹하고 변재를 성취하니, 일체 죄의 장애와 받아야 할 정해진 업보를 모두 소멸하게 된다.

일체 부처님·보살과 천룡·야차 등도 다라니를 받아 지닌 자이면 마땅히 정기精氣를 몸에 넣어주고 위력을 증가시켜주고 몸과 마음이 항상 희열을 얻게 한다. 이 대명왕대호다라니大明王大護陀羅尼를 만약 금수(짐승)가 귀로 들었다면 저들도 모두 무상보리에 대해 영원히 불퇴전이거늘, 하물며 정신淨信의 선남자·선여인이랴! 비구·비구니, 우바새·우바이, 국왕·왕자, 바라문·찰리(귀족) 및 모든 그 외의 부류라 해도 이 대수구대호다라니를 한번 들으면 듣고 나서 마음이 깊고 믿음이 청정해지고 공경하며, 사서를 하고 독송을 하며 은근히 학습하는 마음이 생기니, 타인을 위하여 널리 연설하여 유포를 해야 하느니라. 대범천이여! 모두 여덟 종류의 비명을 여의게 되나니, ①저 사람의 몸에서는 질병이 생기지 않고, ②불·독·칼·장대·악한 독·주문으로 저주하는 모든 악한 약법이 손해를 끼칠 수 없고, ③몸의 통증이나 두통을 당하지 않고, ④모든 학질 병이 하루·이틀·삼일·사일에서 칠일에 이르거나 (혹은) 간질병이라도 모두 병들게 할 수 없다. ⑤정념으로 잠을 자고 정념으로 깨닫고 대열반을 증득하느니라. ⑥현세에서는 큰 재물과 높은 직위를 얻어 자재하고, 태어나는 곳의 저 곳곳에서 항상 숙명을 얻고, ⑦일체 사람·천天들이 모두 좋아하고 공경하고 용의가 단정하느니라. ⑧일체 지옥·아귀·축생도 모두 해탈을 얻느니라."라고 말씀하셨다.

(cf. 당나라 때 불공 삼장의 『보편광명청정치성여의보인심무능승대명왕대수구다라니경』에서 발췌)

②

어느 때인가 부처님께서 왕사성 기산굴산에서 모든 제자들과 함께 법회를 하시면서 설법을 하실 때 사바세계의 천주인 대범천왕이 부처님 처소에 와서 부처님 발에다 정례頂禮를 올리고 나서 부처님께 중생의 이익을 위하고 모든 인간·천중天衆들이 안락을 얻도록 다라니 신주神呪를 설해달라고 간청을 드렸다. 그때 부처님께서 설한 내용을 보면, "수구즉득다라니는 일체 중생을 가장 안락하게 하기 때문에 일체 야차·나찰 및 아귀·쓰깐다skandha귀신·모든 귀신들이 해치거나 고뇌하게 하지 못하며, 또한 한열寒熱의 병이 침범하지 못한다. 이 수구즉득다라니가 있는 곳은 항상 수승함을 얻기에 싸움이나 원수의 침입이 없고, 선업(先業; 전생업)의 죄도 모두 소멸하게 되고, 독도 해치지 못하며 불도 태우지 못하고, 칼도 상해하지 못하며 물도 빠지게 못하고, 번개·천둥·벼락 및 악풍·폭우도 상해하지 못한다.

이 수구다라니를 받아 지니는 자는 수승함을 얻는다. 만약 사서寫書를 하여 목에 걸거나 팔에 걸고 다니는 자는 일체 선한 일을 성사하게 되고 수승하고 청정하여 항상 모든 천신과 천룡의 왕이 옹호를 하는 것이고, 또 모든 부처님·보살님들이 억념을 하는 것이다. 금강밀적·사천왕천 천제석·대범천왕·비스뉴Visṇu천·대자재천·비나야차·대흑천 등이 밤낮으로 항상 따르며 수호를 한다. 또 모든 귀신의 천중들 및 그 밖의 모든 천신들도 역시 그와 같이 옹호를 한다. 이들 외에도, 이 다라니를 몸이나 손에 지니고 있는 자는 귀자鬼子부모나 마니발타신·부나발타신·승기니신·대력천大力天·공덕천 등이 항상 따르면서 그를 옹호해 준다.

만약 여인이 이 다라니를 받아 지닌다면 대세력이 있게 되고 항상 남아를 낳는데, 수지하면 태내가 안온하고 낳을 때 안락하며 모든 질병이 없다. 많은 죄가 소멸하니 결코 의심이 생기지 않으며, 복덕력으로 재물과 곡물이 증장하고, (남에게) 설하며 가르치면 사람들이 모두 믿고 받아들이며 항상 일체가 경사스런 일이다.

마땅히 청결해야 하며, 만약 남자든 여자든 동남동녀가 이 다라니를 지니고 있다면 안락함을 얻게 되고 모든 질병이 없고 화색이 좋고 원만한 길상으로 복덕이 증장하고 일체 주법呪法을 모두 성취하게 된다. 이 다라니를 갖고 다니는 자가 비록 단壇에 들어가지 않았어도, 일체 단壇과 이미 입단入壇한 자와 함께 그 법행을 성취할 수 있다. 이 다라니를 지니면 악몽을 꾸지 않으며 중죄도 소멸되고, 악심을 품고 와서 해고자 하는 자가 있어도 해치지 못한다."라고 하셨다.

또 다시 부처님께서 대범천에게 설하셨는데 그 내용을 보면,

"만약 잠시라도 이 다라니를 들은 자라면 저 모든 선남자

선여인이 갖고 있던 모든 죄의 장애〔罪障〕는 모두 소멸된다. 만약 능히 염송하며 지니는 자라면 마땅히 이 사람은 곧 금강의 몸인 줄 알라. 불도 태울 수 없다. 예컨대 까삘라바쓰투 Kapilavastu 대성大城에 라후라Rāhula 동자가 모태에 있을 때, 그의 어머니로서 석가족의 여인인 야수다라Yaśudharā 자신이 불구덩이에 몸을 던졌을 때 라후라가 모태에서 이 다라니를 억념하자 그 큰 불구덩이가 곧 연지蓮池로 변하였다. 이는 신주神呪의 능력 때문이었다. 이런 인연으로 불도 태울 수 없다."라고 하셨다.

또 부처님께서 대범천에게 설하셨는데 그 내용을 보면,

"독도 해칠 수 없는 것이니, 예컨대 선유성善遊城의 풍재장자豊財長者의 아들이 (수구즉득다라니를 제외한) 모든 그밖의 일체 금주禁呪를 잘 지니고 있었고, 주呪를 지닌 힘으로 덕차가 용왕을 불렀는데 (그만) 결계結界[15]를 잊고 말았다. 그 용이 화가 나서 씹어서 해치려고 하였으니, 이 사람은 큰 고뇌를 당하였고 목숨이 경각에 달렸으며 구할 자가 없었다. 그 성안에 무구無垢라는 우바이(청신녀)가 있었는데 항상 이 수구즉득대

15 결계結界: 일정한 지역을 선정하여 그곳과 다른 곳을 구분한 활동구역이다. 이 결계 내에는 그 범위에서 활동할 사람이 아니라면 금지시키고 들어오지 못하게 한다.

자재다라니신주를 지니고 다녔다. 그 우바이가 대비심을 내었고, 마음에 가련함이 생겨서 그가 있는 곳에 가서 그를 위해 이 주를 한 번 독송하는 동안에 (덕차가용왕의) 그 독이 소멸되어 본심으로 되돌아 왔다. 이때 장자의 아들은 무구여인의 옆에서 이 주呪를 (듣고) 받아 지니고 마음으로 억념을 하였다. 이 때문에 독이 해칠 수 없었음을 마땅히 알라."라고 하셨다.

다시 부처님께서 대범천에게 설하시기를,

"만약 어떤 사람이 이 주呪를 지녔다면 마땅히 여래가 신통력으로 이 사람을 옹호하는 줄 알라. 마땅히 이 사람은 여래의 몸인 줄 알라. 마땅히 이 사람은 금강의 몸인 줄 알라. 마땅히 이 사람은 여래장의 몸인 줄 알라. 마땅히 이 사람은 여래안如來眼인 줄 알라. 마땅히 이 사람은 금강의 갑옷을 입은 줄 알라. 마땅히 이 사람은 광명의 몸인 줄 알라. 마땅히 이 사람은 파괴되지 않는 불괴不壞의 몸인 줄 알라. 마땅히 이 사람은 일체 원한의 적이 꺾어 굴복시킬 수 없는 줄 알라. 이 사람이 갖고 있던 죄의 장애가 모두 소멸되는 줄 알라. 이 주呪는 지옥의 일체 고난苦難도 없앨 수 있다."라고 하셨다.

또 부처님께서 대범천에게

"마땅히 알라. 옛적에 신심信心이 적은 비구가 있었는데 여래의 계에 대한 믿음이 부족하여 (계를) 범하고 도둑질을 행하였다. (살아생전에 일체 사중寺衆에게 균등하게 분배되어야 할) 승단의 현전승물僧物[16] 및 상주승물·사방승물을 독차지하고 자신의 손에 넣었던 이 비구는 후에 중병을 만나게 되었고 큰 고통을 당하였다. 어떤 우바새(청신자) 바라문이 있었는데, 대비심을 내어 이 신주를 써서 병든 비구의 목에다 걸어주었다. 걸고 나자 일체 병고가 모두 소멸되었고, 후에 수명이 다 되어 임종을 하자 아비지옥에 떨어졌다. 그 비구의 시신이 탑 안에 안장되어 있었는데 시신 위에 주呪가 있었다. 그 비구의 탑이 지금 현재에도 만족성滿足城 남쪽에 있다. 그리고 이 비구가 잠시 지옥에 떨어진 까닭에, 죄를 받던 모든 자들의 고통을 모두 쉬고 멈추게 하여 두루 안락을 얻게 하였다. 그 지옥에 있던 불길도 역시 모두 소멸하였다. 이때 옥졸들이 이 일을

16 승물僧物: 승가물僧伽物이라고도 한다. 이는 범어 sāṃghika의 의역으로, 승단에 속한 일체 물자物資를 일컫는다. 승물은 두 종류가 있다. 첫째, 상주승물常住僧物: 승가의 일체 토지·사찰·전원·전답·수림·과수원 등은 승가대중이 함께 공동으로 사용하는 공유共有의 재산으로 개인이 소유하거나 축적 또는 팔 수 없다. 둘째, 현전승물現前僧物: 현숙물現熟物이라고도 하는데, 이는 승가대중이 함께 식용으로 사용하는 식물이나 곡물 또는 생필품, 의발衣鉢 등의 일체 시주施主 받은 물건을 말한다. 석존의 교단에서는 이욕수행離欲修行을 종지宗旨로 하였기에 개인 사유私有의 축적을 엄격히 금지하였다.

보고는 매우 놀라고 기이하여 염라왕에게 위의 일을 고하였다. 이때 염라왕이 옥졸들에게 '이것은 대위덕의 이전 몸의 사리이다. 그대들은 만족성 남쪽에 가서 어떤 물건이 있는가 보고 오라'고 하였다. 옥졸은 초저녁에 그 탑이 있는 곳에 이르게 되었는데, 탑을 보니 광명이 마치 큰 불길과도 같았다. 그 탑 안에는 비구의 시신이 있었고, 시신 위에는 이 수구즉득대자재다라니신주가 있었으며, 또 모든 천들이 둘러싸 수호를 하고 있었다. 옥졸은 이 주의 능력이 불가사의하여 이 탑을 일러 수구즉득隨求卽得이라 하였다. 옥졸은 곧바로 되돌아와서 염라왕에게 보았던 일을 모두 고하였다. 그곳의 비구가 이 주呪의 가피력을 입어 죄의 업장이 소멸되고 33천에 태어나게 되었으며, 이 천天을 일러 수구즉득천자隨求卽得天子라고 하였다. 마땅히 알라. 이 주를 써서 몸에 지니고 다니는 자는 항상 고뇌가 없고 일체가 이로우니 공포가 모두 없어지니라.

그러므로 이 주를 깃발 위에 안치하면 일체 악풍이나 때가 아닌데 춥고 얼거나 검은 구름이 일거나 우박비를 뿌리는 등을 모두 다 멈추게 한다. 일체 묘목과 꽃과 열매와 약초가 모두 잘 자라게 되고, 과일 맛이 감미롭고 제때에 따라 성숙하게 된다. 모든 용왕이 제때에 비를 내린다.

마땅히 알라. 이 주를 법처럼 사서寫書를 한다면 구하고 원하는 것을 모두 얻고 성취하게 된다. 만약 어떤 사람이 이 주를 몸에 지니고 다니는 자라면 일체 부처님이 그 신력神力으로 이 사람에게 가피를 내려 모든 보살들이 찬탄하는 바이니, 일체 처에서 소송이나 언변의 싸움이 있다면 모두 승리를 얻는다. 항상 질병이 없고 일체 재난이나 횡사로 해를 당하지 않고, 마음에 근심 고뇌가 없고 항상 모든 천들이 그를 수호하는 바이다. 이 여덟 가지 주(소진언 일곱 가지와 대진언)를 사서해서 지니고 다니면서 마음으로 항상 억념을 한다면 일체 악몽이나 악몽의 불길한 일들이 그의 몸에 미치지 못한다.

이 수구즉득다라니신주는 99억 백천 나유타 정도의 갠지스강 모래 수만큼의 모든 부처님들께서 같이 함께 설하여 알리신 것이며, 같이 함께 인가를 하신 것이며, 같이 함께 찬탄하신 것이며, 같이 함께 수희하신 것이니, 대세력이 있고 대위력의 광명이 있고 대위력의 작용이 있고 일체 마중魔衆을 모두 항복하느니라. 이 대신주는 얻기가 매우 어려우니라."라고 하셨다.
(cf. 당나라 때 보사유 스님의 『불설수구즉득대자재다라니신주경』에서 발췌)

2. 수구즉득다라니 사서寫書 방법

①

또한 "만약 이 대수구다라니가 유포되어 있는 곳이라면 이 모든 유정들은 이미 알았으니, 마땅히 묘한 향과 꽃과 당幢과 번개와 여러 가지로 공양을 해야 하고, 응당 수승한 비단 명주로 감싼 경 속에 끼어 넣어 탑 속에 안치하거나, 혹은 당찰幢刹 속에 넣고 여러 종류의 음악이나 가영이나 찬탄을 돌아가며 공양하고, 경건하고 지극정성으로 예배를 해야 한다. 저 유정들의 마음이 생각한 것과 구하고 원하는 것을 모두 만족하게 얻게 하느니라."라고 하셨다.

또 "만약 이 다라니를 지니고자 하는 자이면 응당 길일吉日과 길한 달〔吉宿〕과 길상吉祥의 시간을 선택해야 하고, 법에 의해 이 다라니를 써야 한다."라고 하셨다.

또 "만약 실지悉地[17]를 구하는 자이면 응당 삼백식三白食을 해야 하고, 이 수구隨求를 쓰는 사람은 마땅히 단의 중앙에 앉되 청정한 방석을 깔고 법에 의해 사서를 해야 하느니라.

여인이 자식을 구한다면 응당 우황을 사용해서 쓰고 중심에

---

17 실지悉地: 범어 siddhi의 음역으로, 성취·완성의 의미이다. 이는 밀교의 비밀법을 통해 얻는 각오覺悟인데, 일종의 불가사의 경계이다.

동자를 그리되 영락으로 장엄한 몸이어야 한다.

장부가 자식을 구하는 자이면 응당 울금鬱金을 사용해서 쓰면 그가 원하는 일을 모두 성취하게 된다. 진언의 사면에는 응당 여러 가지 인印을 그리고 또 연화를 그린다.

만약 비구가 갖고 지닌다면 응당 금강저를 지니고 그려야 하는데, 오른손에 금강저를 잡고 왼쪽 주먹의 손가락 머리를 세운다."라고 하셨다.

(cf. 당나라 때 불공 삼장의 『보편광명청정치성여의보인심무능승대명왕대수구다라니경』에서 발췌)

②

또 부처님께서는 대범천에게 "위에서 설한 바와 같이 이 신주의 능력을 그대도 가히 알 것이다. 반드시 사서하여 몸에 지니도록 하라. 만약 이 주를 갖고 다니고자 하는 자는 마땅히 법처럼 사서를 해야 하느니라."라고 하셨다.

이때 대범천이 부처님께 "세존이시여! 만약 이 신주를 사서하고자 한다면 법은 즉 어떠합니까?"라고 하자, 부처님께서 "먼저 마땅히 단壇을 만들고 단의 네 귀퉁이에 향수(다기물)를 가득 채운 병을 하나씩 놓고, 단 내에는 연꽃이나 여덟 잎의 연꽃을 놓고 연꽃 가운데 금강저를 놓거나 또는 연꽃 가운데에다 화염

주火焰珠를 하나 그려 놓아라. 향을 사루고 꽃을 뿌리고 음식과 과자 등의 여러 가지 공양을 올려라.

주呪를 쓰고자 하는 자는 먼저 목욕을 청정하게 하고 깨끗한 옷을 새로 갈아입고 음식은 세 종류의 백식白食을 하라. 소위 유제품(우유·요플레·요구르트)이나 쌀이나 쌀밥이다. 종이든 대나무이든 면이든 여러 종류도 무방하며 모두 허용하니, 이 주를 사서하는 데 사용하라."라고 하셨다.

(cf. 당나라 때 보사유 스님의 『불설수구즉득대자재다라니신주경』에서 발췌)

3. 공양법

그때 여래께서 게송으로 대범천에게 "빈궁한 업을 모두 없앨 수 있으니, 마땅히 길한 달의 때〔吉宿時〕이어야 하니, 포사숙〔布沙宿, Puṣya〕과 상응해야 하고 응당 재계齋戒를 지니고 모든 부처님께 공양을 올리고 대보리심을 발심하고 또 비심으로 애민심 및 대자심이 생겨야 한다.

용내사단향을 사용하여 이 향탕으로 목욕을 하고 깨끗한 의복으로 새로 갈아입고, 또 향을 사루어 몸에 스며들게 하라.

오현병五賢甁[18]에다 모두 향수[19]를 가득 채우고 모든 꽃을

섞어 꽂고, 과일을 놓고 (오현병을 단의 중앙에다 하나 그리고) 단壇의 네 귀퉁이에 놓는다. 모든 꽃과 과일, 열매는 수시로 공양을 하고, 향을 발라 장식을 하고, 소밀酥蜜과 유제품, 보리죽이나 우유죽을 공양기에 가득 채우되 응량기는 모두 길상이어야 하며, 도자기 그릇에 가득 담아라."라고 말씀하셨다. (cf. 당나라 때 불공 삼장의 『보편광명청정치성여의보인심무능승대명왕대수구다라니경』에서 발췌)

4. 매일 수구즉득다라니 지송법

(1) 귀의와 발심

귀의불 귀의법 귀의승(3번)

모든 부처님의 정법正法과 현성승賢聖僧의

---

18 오현병五賢瓶: 오병五瓶·오보병五寶瓶이라고도 하는데, 이는 밀교에서 단壇을 조성하여 법을 행할 때 대단大壇의 중앙과 네 귀퉁이에다 놓는 다섯 보병을 말한다.

19 향수香水: 범어 argha의 의역으로, 공덕수·알가수·알가향수·향화수香花水라고도 한다. 이는 부처님 전에 놓는 공덕수·향수를 말하는데, 우리는 보통 다기물이라고 한다.

보리에 이르기까지 제가 귀의하나이다.

원하오니 제가 속히 모든 선덕을 닦고

중생들을 요익饒益하도록 성불을 발원하나이다.

(2) 나무 본사석가모니불(3번)

① 발보리심發菩提心 진언(3번)

옴 보디 찟땀 웃빠드야미(Oṃ bodhi-cittam utpādyami)

② 삼매야계三昧耶戒 진언(3번)

옴 쌈마야 쓰뜨밤(Oṃ samaya stvam)

③ 심불심心佛心 진언(3번)

옴 싸르와 따타가따 붓떼(Oṃ sarva tathāgata budte)

쁘라바라비가따바예(pra-baravigatabhaye)

쌈마야 바와메(samaya bhavame)

바가바띠 싸르와 빠삐 비약(bhagavati sarva pāpi bhyaḥ)

쓰와 싸뜨바 바뚜 무니 무니 비무니짜레－레(sva-sattva-vatu muni muni vimuṇicale-le)

짜레니 바야비가떼(caleṇi bhaya-vigate)

바야 하라니 보디 보디(bhaya harani boddhi-boddhi)

붓다야 붓다야(buddhaya-buddhaya)

붓디리 붓디리(buddhiri-buddhiri)

싸르와 따타가따(sarva tathāgata)

흐리다야조스떼 쓰와하(hṛdayajyo-ṣte svāhā)

④ 일체불심인一切佛心印 진언(3번)

옴 와즈라바띠(Oṃ vajra-vati)

와즈라 쁘라띠스띠떼-마디 싸르와 따타가따 무드라
(vajra pratiṣṭite-madhi sarva tathāgata mudrā)

띠스띠나 띠스띠떼 마하 무뜨레 쓰와하
(tiṣṭina tiṣṭite mahā-mutṛe svāhā)

⑤ 관정灌頂 진언(3번)

옴 무니무니 무니바레(Oṃ muni-muni munibale)

아비신짜뚜맘 쓰와 따타가따(abhiṣiñcatu-maṃ sva-tathāgata)

쓰와 비니야 비세히야(sva-viniya bhiṣehiya)

마하 와즈라 하바짜(mahā-vajla-havaca)

무드라 무드리타(mudra mudrita)

쓰와 따타가따 흐리다야 띠스띠따 와즈레 쓰와하
(sva-tathāgata hṛdaya tiṣṭita vajle svāhā)

⑥ 관정인灌頂印 진언(3번)

옴 아므리따 바레(Oṃ amṛta-vare)

와라와라 쁘라와라 비숫디히 훔-훔 파뜨-파뜨 쓰와하
(vara-vara pravara-viśuddhi hūṃ-hūṃ phaṭ phaṭ svāhā)

⑦ 결계結界 진언(3번)

옴 아므리따 비로끼니(Oṃ amṛta-vilokiṇi)

가르바 싼-라끄샤니 아끄샤니 훔-훔 파뜨-파뜨 쓰와하
(garbha saṅ-rakṣani akṣani hūṃ-hūṃ phaṭ phaṭ svāhā)

⑧ 불심佛心 진언(3번)

옴 비말레 자야-바레 아므리떼 훔훔훔훔 파뜨-파뜨 쓰와하(Oṃ vimale jaya-vare amṛte hūṃ-hūṃ hūṃ-hūṃ phaṭ phaṭ svāhā)

⑨ 심중心中 진언(3번)

옴 바라바라 쌈바라 쌈바라(Oṃ bhara-bhara sambhara

sambhara)

인드리야-비소다니 훔훔 루루-짜레 쓰와하
(indriya-viśodhaṇi hūṃ-hūṃ ruru-cale svāhā)

※이상은 염송하기 힘든 경우로, 예컨대 아이가 있거나 노약자일 경우에 여기까지 염송할 것.

※그 외의 염송자는 앞에 이어서 다음의 대진언까지 하되, 하루에 적어도 아홉 번을 독송해야 함. 개인의 상황에 따라 한 번에 다 할 수 없는 경우는 아침·낮·저녁으로 나눠서 해도 무방하고, 아홉 번 이상으로 많이 할 수 있으면 더 좋다. 무시생사 이래로부터 지금까지 지은 일체 모든 업장을 속히 소멸하기 위해서이다.

※매번 지송을 끝마칠 때 오른손으로 금강권인金剛拳印[20]을 쥐고, 입으로 훔hūṃ 하면서 각각 오방에다 인印을 찍는데, 이는 다섯 곳의 법신과 계합하기 위해서이다. 첫 번째 인印을 두 유방 사이의 가슴에다 인을 찍으면서 입으로 훔hūṃ 하고, 두 번째는 머리의 정수리에다 인을 찍으면서 훔 하고, 세 번째는 이마의 미간에다 인을 찍으면서 훔 하고, 네 번째와 다섯 번째는 양쪽 눈썹[兩眉]에다 찍으면서 훔을 하는데, 먼저 오른쪽을 찍고 그 다음에 왼쪽을 찍고 결인結印을 마치면서 금강권인을 풀고 바로 금강합장을 하고 "성취 쓰와하" 하면서 마친다. 이는 일체 마장을 소멸시키고, 일체 모든 일을 성취시킨다는

20 금강권인金剛拳印: 엄지로 네 번째 손가락인 무명지의 첫 마디(손바닥에서 무명지의 첫 번째 마디의 손금)에다 갖다 대고 나머지 손가락은 엄지 위를 덮어 쥐어 주먹을 만든다. 이 금강권인의 수인은 내외의 마장을 소멸시키고, 일체 공덕을 성취시켜준다는 의미이다.

의미이다. 혹은 수구다라니 지송을 시작할 때 먼저 오방의 다섯 곳에 인印을 찍고 해도 무방하다.

⑩ 대수구즉득다라니大隨求卽得陀羅尼(9번)

나마 싸르와 따타가따 남

Namaḥ sarva tathāgata nāṃ

曩謨 薩嚩 怛他揭跢-南

나마 나마 싸르와 붓다 보디싸뜨바 비약

Namaḥ Namaḥ sarva buddha bodhi-sattva bhyaḥ

曩謨 曩莫 薩嚩 沒馱 冒地薩怛嚩 毘藥

붓다 다르마 쌍가 비약

Buddha dharma saṅgha bhyaḥ

沒馱 達磨 僧祇 毘藥

따디야타

Tadyathā

怛爾野他

옴 비뿌라 가베

Oṃ vipula gabhe

唵 尾補攞蘗陛

비뿌라 비말레

vipula vimale

尾補攞 尾麽隷

자야-가베

jaya-gabhe

惹野 蘖陛

와즈라 즈바라 가베

Vajra jvāla-gabhe

嚩日囉 入嚩攞 蘖陛

가띠 가하나

Gati-gahaṇa

誐底 誐訶寧

가가나 비숫다나

Gagana-viśuddhaṅa

誐誐曩 尾戍達寧

옴 싸르와 빠빠 비숫다나

Oṃ sarva-pāpa viśuddhaṅa

唵 薩嚩 播跛 尾戍達寧

옴 구르나바띠 가가리니

Oṃ gurnavati gagaṛni

唵 虁嚕拏嚩底 誐誐哩抳

기리-기리 감마리 감마리

Giri-giri gaṃari-gaṃari

儗哩-儗哩 儼麽哩 儼麽哩

가하가하

Gaha gaha

虐賀-虐賀

가가리-가가리

Gagari-gagari

孽誐哩 孽誐哩

감빠리-감빠리

Gaṃpari-gaṃpari

儼波哩 儼波哩

가띠가띠 가마나 가레

Gati-gati gamana gale

誐底誐底 誐麽顊 誐嚇

구루-구루니

Guru-guruni

夔嚕-夔嚕抳

짜레 아짜레

Cale acale

左黎 阿左黎

무짜레 자예비자예

Mucale jayevijaye

母左黎 惹曳尾惹曳

싸르와비야 비가띠 가바 쌈바라니

Sarva-bhya vigati gabha saṁbhalani

薩嚩-婆野 尾誐帝 蘗婆 三婆羅抳

스리스리 미리찌 리찌리 싸만따 까라샤니

Śri-śri mirici riciri samanta karaṣani

悉哩-悉哩 旗哩岐 哩岐哩 三滿跢 迦囉灑抳

싸르와 사뜨루 쁘라마타니

Sarva-śatru pra-mathani

薩嚩 設咄嚕 鉢囉-沫他顊

라끄샤-라끄샤

Rakṣa-rakṣa

囉乞灑 囉乞灑

마마

ma-ma

麼麼

이름(   )

싸르와 싸뜨바 난짜

Sarva sattva-nanca

薩嚩 薩怛嚩 難左

비리비리 비까떼 바라다 비야나 싸나

Viri-viri vikaṭe varaḍa bhyana-saṇa

尾哩-尾哩 尾誐跢 嚩囉拏 波野曩-捨額

쑤리쑤리 찌리-캄 마레

Sūri-sūri ciri khaṃ māle

蘇哩-蘇哩 喞哩-劍 麼黎

비마레

Vimāle

尾麼黎

자예자야 바히자야

Jaye-jaya vahi-jaya

惹曳-惹夜 嚩奚-惹夜

바띠 바가바띠

Vati bhagavati

嚩底 婆誐嚩底

라뜨나 마꾸따－마라 다라니 바후 바바다브 찌뜨라

Ratna makuṭa-mala dhāraṇi vaḥ vavadhāv citra

囉怛曩 麽矩吒-麽邏 馱哩抳 嚩護 尾尾馱尾 唧怛囉

베사나(베사루) 빠다리 바가바띠 마하－비르야 데비

Veṡana(veṡaru) padhari bhagavati mahā-virya devi

吠灑嚕 跛馱哩 婆誐嚩底 麽賀-尾爾野 禰尾

라끄샤 라끄샤

Rakṣa-rakṣa

囉乞灑 囉乞灑

마마

ma-ma

麽麽

이름(　　　　)

싸르와 싸뜨바 난짜

Sarva sattva-nanca

薩嚩 薩怛嚩 難左

싸만따 싸르와 뜨라하

Samanta sarva-traḥ

三滿跢 薩嚩-怛囉

싸르와 빠빠 비숫다나

Sarva pāpa viśuddhaṅa

薩嚩 播跛 尾戍馱顊

후루후루

Huru-huru

護嚕-護嚕

나끄샤-뜨라

nakṣa-tra

諾乞察 怛囉

마라 다라니

Māla dhāraṇi

麽囉 馱哩抳

라끄샤 끄샤-밤

Rakṣa-kṣa-vaṃ

囉乞灑-乞灑-鋡

마마

ma-ma

麽麽

이름(　　　　)

아나타 씨아 뜨라하 나빠라야나 씨아

Anātha-sya-traḥ naparayana-sya

阿曩他寫-怛囉 拏跛囉野拏寫

바리모짜야메 싸르와 묵께비약 친네

Vari-mocya-me sarva muke-bhyaḥ chinne

跛哩-謨左野銘 薩嚩 穆契-毘藥 讚尼

친네친네니 베가바띠

Chinne chinne-ṇi vegavati

讚尼 讚尼顮 吠誐嚩底

싸르와 두스따니 바라니 사뜨루 빠끄샤

Sarva duṣtaṇi varani śatru pākṣa

薩嚩 訥瑟吒顮 嚩囉抳 設咄嚕 博乞灑

쁘라마타니 비자야 바히-니

Pra-matha-ṇi vijaya vahi-ṇi

鉢囉 沫他-顮 尾惹野 嚩呬顮

후루후루

Huru-huru

護嚕護嚕

스루스루

śru-śru

祖嚕祖嚕

아요빠라니 쑤라바라 마타니

Ayo-pāla-ṇi suravara matha-ṇi

阿欲-播攞顊 蘇囉嚩囉 沫他顊

싸르와디 바따뿌찌떼

Sarva-di vatapucite

薩嚩禰 嚩跢布呰帝

디리디리

dhiri-dhiri

地哩-地哩

싸만따 바로끼떼

Samanta valokite

三滿跢 嚩路抧帝

쁘라베 쁘라베

prabhe prabhe or prabha prabha

鉢囉陛 鉢囉陛

쑤쁘라바 비숫디

Suprabha viśuddhi

素鉢囉婆 尾舜第

싸르와 빠빠 비숫다나

Sarva-pāpa viśuddhaṇa

薩嚩 播跛 尾戍馱寧

다라다라 다라니 다라 달레

Dhara-dhara-dhāraṇi dhara-dhale

達囉達囉 達囉抳 達囉-達隸

쑤무 쑤무

Sumu sumu

蘇母蘇母

루루짜레

ruru-cāle

嚕嚕左黎

짜르야 아누스딴 뿌라야

Carya anuṣṭāṇ puraya

佐攞野 努瑟鴿 布囉野

메아삼

meaśaṃ

銘阿苫

스리 바뿌다남 자야-캄 마레

Śri vapudha-naṃ jaya-khaṃ māle

室哩 嚩補馱難 惹野劍 麼黎

끄스니 끄스니

Kṣṇi kṣṇi

乞史抳 乞史抳

바라디 바라담 꾸사

Vala-di vala-daṃ kuśā

嚩羅禰 嚩羅能 矩勢

옴 빠드마 비숫디

Oṃ padma viśuddhi

唵 鉢納麽 尾舜第

숫다야 숫다야 비숫디

Śuddhaya Śuddhaya viśudhi

戍馱野 戍馱野 尾舜第

쁘라쁘라

Pra-pra

跛囉-跛囉

비리비리

viri-viri

鼻哩-鼻哩

브루브루

Bhrū bhrū

部嚕 部嚕

망갈라 비숫디

maṅgala viśuddhi

懵誐攞 尾舜第

빠비-뜨라하 묵키

Pavi-traḥ muhkhi

跛尾-怛囉 穆棄

카기니 카기니

khagini khagini

渴儗捉 渴儗捉

카라 카라

Khara khara

佉囉 佉囉

즈바레－따씰레

jvāle-tasile

入嚩哩-多始隷

싸만따 쁘라샤리따

Samanta praṣarita

三滿多 鉢囉沙哩跢

바바씨따 슷디

Vabhasita śuddhi

嚩婆悉多 舜第

즈발라 즈발라

jvala jvala

入嚩攞 入嚩攞

싸르와디 바가나

Sarva-di vagaṇa

薩嚩禰 嚩誐拏

싸마까라싸니

sama kara-sani

三麽 迦囉-灑抳

싸띠야바띠

Satyavati

薩底野嚩帝

따라

tāra

多囉

따라야-밤

Tāraya-vaṃ

跢囉野-錱

나가 비로끼떼 라후라후

Nāga-vilokite lahu lahu

曩誐 尾路枳帝 攞護攞護

호누호누

Honu-honu

護砮 護砮

끄스니 끄스니

kṣṇi kṣṇi

乞史抳 乞史抳

싸르와 끄라하바 끄싸니

Sarva krahabha ksaṇi

薩嚩 仡囉賀薄 乞灑抳

삥갈라 삥갈라

Piṅgala piṅgala

氷檗哩 氷檗哩

스무스무 쑴쑴

śmu-śmu sum-sum

祖母祖母 素母素母

쑤비짜레

Suvi-cāle

素尾左嚟

따라따라 나가 비로끼니

Talatala nāga-viloki-ṇi

多羅多羅 曩誐 尾路枳顊

따라야뚜-밤

Tārayatu-vaṃ

跢囉野覩-鋡

바가바띠

bhagavati

婆誐嚩底

아스따 마하 따루나바예 비악

Aṣṭa mahā-tarunabhaye bhyaḥ

阿瑟吒 摩賀 怛嚕娜婆曳 毘藥

쌈무드라 싸갈라

Samudrā sāgara

三母捺囉 娑誐囉

빠르야-땀

Parya-tām

鉢哩演-擔

빠딸라 가가나 뜨람

pātala gagana traṃ

播跢攞-誐誐曩-怛覽

싸르와 뜨라하 싸만띠나

Sarva-traḥ samantina

薩縛 怛囉 三滿帝曩

뜨리사반디-나 와즈라 쁘라까라

Dhṛśabandhi-na vajra prākāra

治-捨滿第曩 嚩日囉 鉢囉迦囉

와즈라－빠사 만얌니나

Vajra-pāśa manyaṃnina

嚩日囉-播捨 滿誕甯曩

와즈라 즈바라 비숫디

Vajra jvala viśuddhi

嚩日囉 入縛攞 尾舜第

부르부르

Bhūr-bhūr

部哩-部哩

가르바바띠

garbhavati

櫱婆嚩底

가르바 비숫다니

Garbha viśuddha-ṇi

櫱婆 尾戍馱-顊

띠끄스쌈뿌라니

Tikṣsampulaṇi

鍋乞史三布羅抳

즈바라 즈바라

jvala jvala

入嚩羅 入嚩羅

짜라짜라

Cara-cara

左囉-左囉

즈바라니

jvāla-ṇi

入嚩哩-額

쁘라베샤뚜-데바

Praveṡa-tu-deva

鉢囉韈灑覩-禰嚩

싸만띠나

samantina

三滿帝曩

니미유나께나

Nimi-yuna-kena

儞旃庾娜計曩

아므리따 와라싸니

Amṛta varasaṇi

阿密嘌多 嚩囉灑抳

딩-바따 와따라니

Diḥ-bata vata-raṇi

禰-縛跢嚩跢囉抳

아비신짜 뚜메쑤 가따와라와짜나

Abhiṣiñca tumesu gatāvalavacana

阿鼻詵左 覩銘蘇 誐多嚩羅嚩左曩

아므리따 와라와뿌세

Amṛta varavapuṣe

阿密嘌多 嚩囉-嚩補曬

라끄샤 라끄샤

Rakṣa-rakṣa

囉乞灑 囉乞灑

마마

ma-ma

麽麽

이름(　　　　)

싸르와 싸뜨바 난짜

Sarva sattva-naṇca

薩嚩 薩怛嚩-難左

싸르와 뜨라하 쓰와나

Sarva traḥ svana

薩嚩 怛囉 薩嚩娜

싸르와 바예 비약

Sarva bhaye bhyaḥ

薩嚩 婆曳 毘藥

싸모쁘다라베 비약

Samo-pdharave bhyaḥ

薩冐 鉢捺羅吠 毘藥

싸모빠야기 비약

Samo-payagi bhyaḥ

薩冐 跛藥霓 毘藥

싸르와 두스타비야 비뜨씨아

Sarva duṣṭhabhya vitsya

薩嚩 努瑟吒婆野 鼻怛寫

싸르와 까라 까라하

Sarva kara kāla-ha

薩嚩 迦哩 迦攞-賀

비가라하 비와나

Vigaraha vivana

尾孽囉賀 尾嚩娜

아누쓰와쁘-난 드라니미따 망가리야 루찌야 빠비나싸니

Anusvap-naṇ dranimita maṅgarya rucya pavinasaṇi

努娑嚩跛-難 訥囉贑旃跢 瞢揭里也 盧遮也 跛尾曩捨-贑

싸르와 야끄샤 라끄샤-바

Sarva yakṣa rakṣa-bha

薩嚩 藥乞叉 囉乞叉婆

나가니 와라니

Nāga-ni vara-ni

曩誐贑 嚩囉抳

싸라니쌀레 마라 말라 라마바띠

Sarani-sale māla mara-ramavati

薩囉抳薩隷 麽羅 麽囉 囉麽-嚩底

자야 자야 자야뚜-밤

Jaya jaya jayatu-vaṃ

惹野 惹野 惹野-覩鋡

싸르와 뜨라하 싸르와 까람

Sarva-traḥ sarva-karaṃ
薩嚩-怛囉 薩嚩-迦覽

씨단뚜메에이-밤 마하 비디
Sidhyantumei-vaṃ mahā-vidi
悉釗覩銘噎-鋡 摩訶-尾捻

싸다야 싸다야
Sādhaya sādhaya
娑馱野 娑馱野

싸르와 만다라 싸다니
Sarva maṇḍala sadhaṇi
薩嚩 曼拏攞 娑馱-顊

가따야 싸르와 비가네
Gataya sarva-vighane
伽多野 薩嚩 尾覲曩

자야 자야
Jaya jaya
惹野 惹野

씻디 씻디 쑤씻디
siddhi siddhi susiddhi

悉第 悉第 素悉第

씻디야 씻디야

Siddhiya-Siddhiya

悉地野 悉地野

붓디야 붓디야

buddhiya-buddhiya

沒地野 沒地野

보다야 보다야 뿌라야

Bodhaya-Bodhaya puraya

冒馱野-冒馱野 布囉野

뿌라니 뿌라니

purani purani

布囉抳 布囉抳

뿌라야 메아꼬

Purya meako

布囉野 銘阿苦

싸르와 비바야 비가따 부떼 자요따리

Sarva vibhaya vigata-bute jayotari

薩嚩 尾儞也 尾誐多 沒帝 惹愈多哩

자야바띠

Jaya-vati

惹夜-嚩底

띠스타 띠스타

tiṣṭha tiṣṭha

底瑟吒 底瑟吒

쌈마야 마누빠라야

Samaya manupalaya

三麽野 麽努-播攞野

따타가따

tathāgata

怛他揭多

흐리다야 슛떼

Hṛdaya śudte

紇哩乃野 舜帝

미야바로-까야뚜밤

Miyavalo-kayatu-vaṃ

旃野嚩路 迦野覩鉿

아스따-비 마하 나루다바야-비악

Aṣṭā-vi mahā-naruḍabhaya-bhyaḥ

阿瑟吒鼻 摩賀 娜嚕拏婆曩 毘藥

싸라 싸라

Sara sara

薩囉 薩囉

쁘라싸라 쁘라싸라

prasara-prasara

鉢囉薩囉 鉢囉薩囉

싸르와 바라다 비숫다니 싸만따 까라만다라 비숫디

Sarva varada-viśuddhaṇi samanta karamaṇḍala-viśuddhi

薩嚩 嚩囉拏 尾戍馱額 三滿跢 迦囉滿拏攞 尾舜第

비가떼 비가떼

Vigate vigate

尾揭帝 尾揭帝

비가따 마라

vigata māla

尾誐多 摩攞

비숫다니

viśuddhaṇi

尾戍馱顊

끄스니 끄스니

Kṣṇi kṣṇi

乞史抳 乞史抳

싸르와 빠빠

Sarva pāpa

薩嚩 播跛

비숫디

viśuddhi

尾舜第

마라 비가따

Māla vigatā

麽攞 尾揭多

떼조바띠

Tejovati

帝惹嚩底

와즈라바띠

Vajra-vati

嚩日羅 嚩底

뜨라하뜨 로께야

traṭ lokeya

怛囒 路枳野

띠스띠떼

tiṣṭite

地瑟恥帝

쓰와하

svāhā

娑縛賀

싸르와 따타가따 붓다 아비세까떼 쓰와하

Sarva tathāgata buddha abhiṣekate svāhā

薩嚩 怛他揭多-沒馱 毘色訖帝 娑婆賀

싸르와 보디싸뜨바 아비세까테 쓰와하

Sarva bodhi-sattva abhiṣekate svāhā

薩縛 冐地薩怛嚩 毘色訖帝 娑婆訶

싸르와 데바따 아비세까테 쓰와하

Sarva devata abhiṣekate svāhā

薩嚩 禰嚩多 毘色訖帝 娑婆訶

싸르와 따타가따 흐리다야 디스띠따 흐리다예 쓰와하

Sarva tathāgata hṛdaya dhiṣtita-hṛdaye svāhā

薩嚩 怛他揭多 紇哩乃野 地瑟恥多 紇哩乃曳 娑婆訶

싸르와 따타가따 쌈마야 씻디 쓰와하

Sarva tathāgata samaya siddhi svāhā

薩嚩 怛他孼多 三麽野 悉第 娑婆賀

인드라 인드라 바띠 인드라 미야바로끼떼 쓰와하

Indrā indrā vati indra miya-valokite svāhā

印捺嚟 印捺囉 嚩底 印捺囉 旗野-嚩路枳帝 娑婆訶

마라 함 메 쓰와하

Māra haṃ-me svāhā

沒囉 憾銘 娑婆賀

마라 함 마니 야스띠 쓰와하

Māra haṃ maṇi-yaṣṭi svāhā

沒囉 憾 麽儞-庾史帝 娑婆訶

비스뉴 나모 사끄라띠 쓰와하

Viṣṇu namo śakrati svāhā

尾瑟拏 曩莫 塞訖哩帝 娑婆訶

마헤스바라 마니-따뜨 뿌지따예 쓰와하

Maheśvara maṇi-tat pujitaye svāhā

麼係濕嚩囉 滿儞-多多 布爾跢曳 娑婆賀

와즈라 빠니 마라 비르야 디스뜨떼 쓰와하

Vajra pani māla virya dhiṣṭte svāhā

嚩日囉 播抳 麼攞 尾哩野 地瑟恥帝 娑婆賀

드리따라스뜨라 스뜨라야 쓰와하

Dhṛtārāṣṭra ṣṭraya svāhā

地哩多囉瑟吒羅 瑟吒羅野 娑婆賀

비루다까야 쓰와하

Virūḍhakaya svāhā

尾嚕荼迦野 娑婆賀

비루빠끄샤야 쓰와하

Virūpākṣaya svāhā

尾嚕播乞灑野 娑婆賀

비스라바나야 쓰와하

Viśravaṇaya svāhā

尾室囉麼拏野 娑婆賀

짜뚜라 마하 라자 나모 사끄라띠야 쓰와하

Catura-mahā-raja namo śakraṭya svāhā

拶咄羅 麼賀 囉惹 娜莫 塞訖訖哩跢野 娑婆賀

야마야 쓰와하

Yamaya svāhā

琰麽野 娑婆賀

야마 뿌지또 나모 사끄라띠야 쓰와하

Yama pūjito namo śakraṭya svāhā

琰麽 布爾多 娜莫 塞訖哩跢野 娑婆賀

바루나야 쓰와하

Varuṇaya svāhā

嚩嚕拏野 娑婆賀

무리띠유 쓰와하

Mṛtyu svāhā

麽嚕跢野 娑婆賀

마하 무리띠유 쓰와하

Mahā Mṛtyu svāhā

麽賀 麽嚕跢野 娑婆賀

아그나이 쓰와하

Agnāyi svāhā

阿跟曩曳 娑婆賀

나가 비로끼띠야 쓰와하

Nāga vilokiṭya svāhā

曩誐 尾路枳跢野 娑婆賀

데바가나 비약 쓰와하

Deva-gaṇa bhyaḥ svāhā

禰嚩-誐孀 毘藥 娑婆賀

나가가나 비약 쓰와하

Nāga-gaṇa bhyaḥ svāhā

曩誐-誐孀 毘藥 娑婆賀

야끄샤가나 비약 쓰와하

Yakṣa-gaṇa bhyaḥ svāhā

藥乞灑-誐孀 毘藥 娑婆賀

라끄샤싸가나 비약 쓰와하

Rakṣasa-gaṇa bhyaḥ svāhā

囉乞灑-誐孀 毘藥 娑婆賀

간다르바가나 비약 쓰와하

Gandharva-gaṇa bhyaḥ svāhā

彦達嚩-誐孀 毘藥 娑婆賀

아쑤라가나 비약 쓰와하

Asura-gaṇa bhyaḥ svāhā

阿蘇囉-誐孏 毘藥 娑婆賀

가루다가나 비약 쓰와하

Garuḍa-gaṇa bhyaḥ svāhā

誐嚕拏-誐孏 毘藥 娑婆賀

낌나라가나 비약 쓰와하

Kiṃnara-gaṇa bhyaḥ svāhā

緊那囉-誐孏 毘藥 娑婆賀

마호라가가나 비약 쓰와하

Mahoraga-gaṇa bhyaḥ svāhā

麽護囉誐-誐孏 毘藥 娑婆賀

마누시아 비약 쓰와하

Manuṣya bhyaḥ svāhā

麽努曬 毘藥 娑婆賀

아마누시아 비약 쓰와하

Amanuṣya bhyaḥ svāhā

阿麽努曬 毘藥 娑婆賀

싸르와 그라헤 비약 쓰와하

Sarva grahe bhyaḥ svāhā

薩嚩 孽囉係 毘藥 娑婆賀

싸르와 나끄샤뜨라 비약 쓰와하

Sarva nakṣatra bhyaḥ svāhā

薩嚩 娜乞灑怛禮 毘藥 娑婆賀

싸르와 부따 비약 쓰와하

Sarva bhūta bhyaḥ svāhā

薩嚩 部帝 毘藥 娑婆賀

뿌레따 비약 쓰와하

Preta bhyaḥ svāhā

畢哩帝 毘藥 娑婆賀

삐사짜 비약 쓰와하

Piśaca bhyaḥ svāhā

比舍際 毘藥 娑婆賀

아빠쓰마레 비약 쓰와하

Apasmāle bhyaḥ svāhā

阿跛娑麼嚟 毘藥 娑婆賀

찐띤나 비약 쓰와하

cintinā bhyaḥ svāhā

禁畔嬭 毘藥 娑婆賀

옴 두루두루 쓰와하

Oṃ dhuru dhuru svāhā

唵 度嚕 度嚕 娑婆賀

옴 뚜루뚜루 쓰와하

Oṃ turu turu svāhā

唵 覩嚕 覩嚕 娑婆賀

옴 무루무루 쓰와하

Oṃ muru muru svāhā

唵 母嚕 母嚕 娑婆賀

하나 하나 싸르와 사뜨루 남 쓰와하

Hana hana sarva śatru naṃ svāhā

賀曩 賀曩 薩嚩 設咄嚕-喃 娑婆賀

나하 나하 싸르와 두스따 쁘라두스따 남 쓰와하

Naha naha sarva duṣṭa praduṣṭa naṃ svāhā

娜賀 娜賀 薩嚩 訥瑟吒 鉢囉-訥瑟吒-喃 娑婆賀

바짜 바짜 쁘라두스따 남 쓰와하

vaca vaca praduṣṭa-naṃ svāhā

跛左 跛左 鉢囉-訥瑟吒-喃 娑婆賀

바짜 바짜 싸르와 쁘라뜨리－까빠라－디얌－뜨라하 남예
마히떼 스나떼

쌈싸베 쌈스리람 즈바라야 두스따 찌따남 쓰와하

vaca vaca sarva pratri-kapala-dhiyam-traḥ naṃye māhite ṣnate

saṃ-save saṃ-śri-raṃ jvalaya duṣṭa citta-naṃ svāhā

跛左 跛左 薩嚩 鉢囉窒剔-迦波羅-底野旃-怛囉-喃曳 麽阿呬帝 史拏帝

釤薩吠 釤設哩覽 入嚩攞野 訥瑟吒 唧跢-喃 娑婆賀

즈바라따 비야 쓰와하

Jvaratā-viya svāhā

入嚩哩跢 毘野 娑婆賀

쁘라즈바라따야 쓰와하

Prajvarataya svāhā

鉢囉-入嚩哩跢野 娑婆賀

디쁘따즈바라야 쓰와하

Dipta-jvalaya svāhā

儞跛多-入嚩邏野 娑婆賀

싸만따즈바라야 쓰와하

Samanta-jvalaya svāhā

三滿多-入嚩邏野 娑婆賀

마니바드라야 쓰와하

Mani-bhadraya svāhā

麽抳-跋捺囉野 娑婆賀

뿌르나바드라야 쓰와하

Pūrṇa-bhadraya svāhā

布邏拏 跛棕囉野 娑婆賀

마하까라야 쓰와하

Mahā-kāraya svāhā

麽賀-迦邏野 娑婆賀

마뜨리가나야 쓰와하

Matṛganaya svāhā

麽底哩誐拏野 娑婆賀

야끄스니남 쓰와하

Yakṣni-naṃ svāhā

藥乞史抳-喃 娑婆賀

라끄사씨남 쓰와하

Rakṣasi-naṃ svāhā

囉乞灑枲-喃 娑婆賀

아까사마뜨리남 쓰와하

Akāśamātṛ-naṃ svāhā

阿迦捨麽底哩-喃 娑婆賀

쌈무드라 데바씨니남 쓰와하

Samudra-devasini-naṃ svāhā

三母捺囉 儞縛枲顮喃 娑婆賀

라띠리짜라남 쓰와하

Ratiri-cala-naṃ svāhā

囉底哩-左囉-喃 娑婆賀

데바싸짜라남 쓰와하

Devasa-cala-naṃ svāhā

儞嚩-娑左囉-喃 娑婆賀

띠리싼디야짜라남 쓰와하

Tirisandhiya-cala-naṃ svāhā

底哩 散地野 左囉-喃 娑婆賀

바이라짜라남 쓰와하

Vaira-cala-naṃ svāhā

吠邏-左邏-喃 娑婆賀

아바이라짜라남 쓰와하

Avaira-cala-naṃ svāhā

阿吠邏-左囉-喃 娑婆賀

가르바하레 비악 쓰와하

Garbhahale bhyaḥ svāhā

揭婆賀隷 毘藥 娑婆賀

가르바싼따라니 쓰와하

Garbhasantārani svāhā

揭婆 散跢囉抳 娑婆賀

후루후루 쓰와하

Huru huru svāhā

護嚕 護嚕 娑婆賀

옴 쓰와하

Oṃ svāhā

唵 娑婆賀

쓰와 쓰바하바 쓰와하

Sva-sbhahaba svāhā

娑嚩 娑婆賀僕 娑婆賀

부와 쓰와하

Bhuva svāhā

步嚩 娑婆賀

옴 부라부와 쓰와 쓰와하

Oṃ bhula bhuva sva svāhā

唵 步羅 步嚩 娑嚩 娑婆賀

찟띠 찟띠 쓰와하

Citti citti svāhā

喞置 喞置 娑婆賀

빗띠 빗띠 쓰와하

Vitti vitti svāhā

尾置 尾置 娑婆賀

다라니 쓰와하

Dhāraṇi svāhā

馱囉抳 娑婆賀

다라니 다라니 쓰와하

Dhāraṇi Dhāraṇi svāhā

馱囉抳 馱囉抳 娑婆賀

아그니 쓰와하

Agni svāhā

阿仡顊 娑婆賀

떼제바뿌 쓰와하

Tejevapu svāhā

帝祖嚩補 娑婆賀

찌리찌리 쓰와하

Ciri ciri svāhā

喞哩 喞哩 娑婆賀

스리스리 쓰와하

Śri śri svāhā

悉哩 悉哩 娑婆賀

붓디야 붓디야 쓰와하

Buddhiya buddhiya svāhā

沒地野 沒地野 娑婆賀

씻디야 씻디야 쓰와하

Siddhiya siddhiya svāhā

悉地野 悉地野 娑婆賀

만다라씻디 쓰와하

Maṇḍala siddhi svāhā

曼拏攞-悉第 娑婆賀

만다라만디 쓰와하

Maṇḍala-maṇddhi svāhā

曼拏攞-滿第 娑婆賀

씨마반다니 쓰와하

Sima-bandhaṇi svāhā

枲麼-滿陀䪾 娑婆賀

싸르와 사뜨루남 깐바 깐바 쓰와하

Sarva śatru-naṃ kāṇva kāṇva svāhā

薩嚩 設咄嚕-喃 漸波 漸波 娑婆賀

싸잠바야 싸잠바야 쓰와하

Sajambhaya sajambhaya svāhā

娑瞻婆野 娑瞻婆野 娑婆賀

친다친다 쓰와하

Chinda-chinda svāhā

親娜 親娜 娑婆賀

삔다삔다 쓰와하

Pinda pinda svāhā

牝娜 牝娜 娑婆賀

쁘랑냐 쁘랑냐 쓰와하

Prajña prajña svāhā

畔惹 畔惹 娑婆賀

반다반다 쓰와하

Bandha bandha svāhā

滿馱 滿馱 娑婆賀

마하야 마하야 쓰와하

Mahāya mahāya svāhā

莽賀野 莽賀野 娑婆賀

마니 비마디 쓰와하

Mani-vimadhi svāhā

麽抳-尾秫第 娑婆賀

쓔라예 쓔라야 비마디 비숫다니 쓰와하

Sūrye sūrya vimadhi visūddhaṇi svāhā

素哩曳 素哩野 尾秫第 尾戍馱𩕳 娑婆賀

짠드레 쑤잔드레 뿌르나 짠드레 쓰와하

Candle sucandle pūrṇa candle svāhā

讚捺㘑 蘇讚捺隷 布羅拏 讚捺㘑 娑婆賀

카라헤 비악 쓰와하

Kharahe bhyaḥ svāhā

佉羅係 毘藥 娑婆賀

나끄샤 뜨라 비악 쓰와하

Nakṣa-tra-bhyaḥ svāhā

諾乞察 怛㘑 毘藥 娑婆賀

시바 쓰와하

Śiva svāhā

始吠 娑婆賀

산띠 쓰와하

Śānti svāhā

扇底 娑婆賀

쓰와싸띠야야니 쓰와하

Sva-satya-yaṇi svāhā

娑嚩 娑底野野寧 娑婆賀

시람 까르싼띠 까르뿌스띠 까르마라-마다니 쓰와하

Ṣi-raṃ kar-sānti karpuṣti karmala-madhaṇi svāhā

始鑁 羯哩扇底 羯哩補瑟置 羯哩麽羅-沫達顊 娑婆賀

스리까르 쓰와하

Śri-kar svāhā

室里-羯哩 娑婆賀

스리야 마다니 쓰와하

Śriya madhaṇi svāhā

室哩野-沫達顊 娑婆賀

스리야 즈바라니 쓰와하

Śriya jvalaṇi svāhā

室哩野 入嚩攞顊 娑婆賀

나무찌 쓰와하

Namuci svāhā

曩母呰 娑婆賀

마리찌 쓰와하

Mārici svāhā

麽噜呰 娑婆賀

베가바띠 쓰와하

Vegavati svāhā

吠誐嚩底 娑婆賀

(이상으로 근본주根本呪를 마침)

(3) 기원성취 및 회향

원하오니,

제가 모든 선덕善德을 지어

속히 성취하고

일체 중생들이 모두 다

불과위佛果位에 오르기를 기원하나이다.

원하오니,

제가 모든 공덕功德을 닦고

속히 성취하여

일체 중생들이 해탈하도록

회향하오며

모두 삼독과 생로병사의 사고四苦를 영리永離하고

지혜가 바다와 같아 원각圓覺을 증득하게 하소서!

또한 원하오니,

이 지송의 공덕으로

왕생자 ○○○ 영가의 일체 죄업장이 속히 소멸되고

삼악도三惡塗를 영리永離하고

극락정토에 왕생하게 하소서!

현세자 ○○○ 불자의 병고액난이 일체 소멸되고

일체 재난을 여의고

몸과 마음이 안락하며 건강하고

모두 보리를 증득하게 하소서!

金剛頂瑜伽最勝祕密成佛隨求卽得神變加持成就陀羅尼儀軌

特進試鴻臚卿大興善寺三藏沙門大廣智不空奉　詔譯

爾時滅惡趣菩薩在毘盧遮那佛大集會中。從座而起合掌恭敬白佛言。世尊我爲當來末法雜染世界惡趣衆生。說滅罪成佛陀羅尼。修三密門證念佛三昧得生淨土。何以方便重罪衆生爲拔苦與樂。我欲拔濟一切衆生苦。爾時佛告滅惡趣菩薩言。無慚無愧邪見放逸衆生無拔濟法。生受諸諸困厄。死墮無間地獄。不聞三寶名。何況不見佛。況復受人身。滅惡趣菩薩復白言。如來之方便不可量。如來神力無盡。唯願世尊說祕密拔苦法。佛在一切衆生父母。爲五濁衆生說決定成佛法。佛告滅惡趣菩薩言。我有祕密法。爲世希有。滅罪成佛最勝第一。名曰隨求卽得眞言。若有人纔聽是眞言題名。若誦題名。人親近。若誦題名。人一處住。是人一切天魔惡鬼一切善神王皆來守護。食五辛魚害。亦婬姊妹。若一切女人畜生女諸毘那耶迦。不能爲障礙。皆隨順晝夜守護。除災難令得安穩。何況自誦。若具足誦。一切重罪悉皆消滅。得無量福德。死必生極樂世界。雖作極重罪。不墮地獄。殺父母。殺羅漢。破和合僧。出佛身血。燒經像。穢伽藍。謗諸人。謗諸教。自是非他。如是作重罪。決定生極樂界。上品生自蓮花中化生。更不受胎生。唯成佛近人先聽是眞言。成佛遠人世世不聽是眞言。若男若女童男童女持是眞言題名。當得安樂。無諸疾病。色相熾盛。圓滿吉祥。福德增長。一切眞言法皆得成就。若是眞言題名若一字二字乃至十字。若眞言之一句二句乃至十句亦一遍。金銀瑠璃玉中入眞言頂戴。是人雖未入壇。卽成入一切壇。與入壇者成其同行。等同諸佛無異。不作惡夢。重罪消滅。若有起惡心來相向者。不能爲害。一切所作皆成就。

佛說普遍焰滿淸淨熾盛思惟寶印心無能勝總持大隨求陀羅尼。

曩莫薩嚩怛他(引)蘖跢(引)南(歸命毘盧遮那佛身口意業遍虛空演說如來三密門金剛一乘甚深敎)

曩謨曩莫薩嚩沒馱冒(引)地薩怛嚩(二合)毘藥(二合歸命本覺心法身常住妙法心蓮臺本來莊嚴三身德三十七尊住心城普門塵數諸三昧遠

離因果因果法然具無邊德海本圓滿還我頂禮心諸佛)沒馱達磨僧(去)祇(岐曳反引)毘藥(二合)(南無滅惡趣菩薩法界衆生離苦得樂三途有情拔苦與樂之)怛爾野(二合)他(引其詞曰)唵(引)尾補攞蘖陛(引過去四恩成佛道)尾補攞尾麽隷(引一切衆生滅罪)惹(自攞反下同)野蘖陛(一切衆生施如意寶)嚩日囉(二合)入嚩(二合引)攞蘖陛(一切衆生斷除煩惱)誐底(丁以反下同)誐訶寧(引一切衆生所求成就)誐誐曩尾戍(引)達寧(一切衆生慈悲覆護)唵薩嚩播(引)跛尾戍(引)達寧(引無佛世界一衆生慈悲覆護)唵(引)虞嚕拏嚩(無可反下同)底誐誐哩抳(尼以反一切衆生斷胎生苦)儗(姸以反)哩儗哩儼麽哩儼麽哩(一切衆生施飮食)虐賀虐賀(一切衆生施衣服)孽誐(引)哩孽誐(引)哩(一切衆生令滿衆生波羅蜜)儼波哩儼波哩(一切衆生滿忍辱波羅密)誐底誐底誐麽𩕳(頂寧反)誐嚇(一切衆生滿精進波羅密)虞嚕虞嚕抳(一切衆生滿禪波羅密)左黎阿左黎(一切衆生滿慧波羅密)母左黎惹曳尾惹曳(一切衆生滿方便波羅密)薩嚩婆野尾誐帝(引)孽婆三(去引)婆羅抳(一切衆生滿願波羅密)悉哩悉哩弭哩岐(引)哩岐哩三滿跢(引去)迦囉灑(二合)抳(一切衆生滿力波羅密)薩嚩設咄嚕(二合引)鉢囉(二合)沬他(上)𩕳(一切衆生滿智波羅密)囉乞灑(二合)囉乞灑(二合成就)麽麽(究竟)薩嚩薩怛嚩(二合)難(上引)左(一切衆生合離怨)尾哩尾哩尾誐跢嚩囉拏(鼻)波野曩(引)捨𩕳(一切衆生合離貪欲)蘇(上)哩蘇哩喞哩劍麽(鼻)黎(引)(一切衆生悉合離愚癡

心)尾麽黎(一切衆生合離食難苦)惹曳(引)惹夜嚩奚惹夜(一切衆生令離水難苦)嚩底婆誐嚩底(一切衆生合離火難苦)囉怛(二合)曩(二合)麽矩吒麽(上引)邏(引)馱哩抳嚩護尾尾馱尾喞怛囉(二合)(一切衆生令離兵賊苦)吠(引)灑嚕(引)跛馱(引)哩婆誐嚩底麽賀(引)尾爾野(二合引)禰尾(一切衆生身心安隱)囉乞灑(二合)囉乞灑(二合成就)麽麽(究竟)薩嚩薩怛嚩(二合)難(上引)左(一切衆生過去父母令成佛)三(去)滿跢(引)薩嚩怛囉(二合)(一切衆生七世父母令成佛)薩嚩播跛尾戌(引)馱頸(一切衆生父母永斷生死苦)護嚕護嚕(一切衆生父母長壽)諾乞察(二合)怛囉(二合)(一切衆生無病患)麽(上引)囉(二合)馱(引)哩抳(一切衆生令發菩提心)囉乞灑乞灑(一合成就)輡(引決定)麽麽(究竟)阿(上)曩(引)他(上)寫(引)怛囉(二合)拏(鼻)跛囉(引)野拏寫(滅殺生罪)跛哩謨(去引)左野銘(引)薩嚩褥契(引)毘藥(二合)讚尼(滅偸盜罪)讚尼(上)讚尼頸吠(引)誐嚩底(滅婬欲罪)薩嚩訥瑟吒(二合)頸縛(引)囉抳設咄嚕(二合)博乞灑(二合)鉢囉(二合)沫他(上)頸尾惹野嚩(引)呬頸(滅妄語罪)護嚕護嚕(滅沽酒罪)祖嚕祖嚕(滅自讚毀他罪)阿(去引)欲播(引)攞頸蘇(上)囉嚩囉沫他(上)頸(滅慳貪罪)薩嚩禰(引)嚩跢(引)布(引)呰帝(引滅瞋恚罪)地哩地哩(滅誹謗罪)三(去)滿跢(引)嚩路(引)抧帝(引滅飲酒罪)鉢囉(二合)陛鉢囉陛(滅食五辛罪)素鉢囉(二合)婆(去)尾舜(入)第(引滅害鳥魚食罪)薩嚩播(引)跛尾戌(引)馱寧(引

滅破戒罪具戒)達囉達囉達囉抳達囉達隷(引滅不教罪)蘇(上)母蘇(上)母(滅三毒罪)嚕嚕左黎(引滅三漏罪)佐(引)攞野努瑟鴿(二合)布囉野(滅三假罪)銘(引)阿苫(去引滅三引有罪)室哩(二合)嚩補馱難(上)惹野劍麽(上)黎(引滅四識住罪)乞史(二合)抳乞史抳(滅四流罪)嚩羅禰(引)嚩羅能(上引)矩勢(引滅四取罪)唵鉢納麽(二合)尾舜(入)第(引滅四報罪)戍馱野戍馱野尾舜(入)第(引滅四緣罪)跛囉跛囉(滅四大罪)鼻哩鼻哩(滅四縛罪)部嚕部嚕(滅四食罪)懵(去)誐攞尾舜(入)第(引滅四生罪)跛尾怛囉(二合)穆棄(滅五住地罪)渴(佉蘖反下同)儗抳渴儗抳(滅五受根罪)佉囉佉囉(滅五蓋罪)入嚩(二合)哩多始隷(引滅五堅罪)三滿多鉢囉(二合)沙哩跢(引滅五見罪)嚩婆(去引)悉多舜(入)第(滅五心罪)入嚩(二合)攞入嚩(二合)攞(滅云情根罪)薩嚩禰(引)嚩誐拏(上滅六識罪)三(去)麽迦囉灑(二合)抳(滅六相罪)薩底野(二合)嚩帝(引滅六愛罪)多囉(滅六行罪)跢(引)囉野轄(滅六愛罪)曩(引)誐尾路(引)枳帝(引)攞護攞護(滅六疑罪)護弩(鼻聲)護弩(滅七漏罪)乞史(二合)抳乞史(二合)抳(滅七儗罪)薩嚩仡囉(二合)賀薄乞灑(二合)抳(滅八到罪)氷(卑孕反)蘖哩氷蘖哩(滅八苦罪)祖母祖母素母素母(滅八垢罪)素尾左㘑(引滅九惱罪)多(上)羅多羅曩(引)誐尾路(引)枳顊(滅九治罪)跢(引)囉野覩轄(引滅九上緣罪)婆(去)誐嚩底(滅十煩惱罪)阿(上)瑟吒(二合)摩賀(引)怛嚕娜婆曳(引)毘藥(二合滅十縛罪)三母捺囉

(二合)娑誐囉(滅十一遍使罪)鉢哩演(二合)擔(上引滅十六知見罪)播(引)跢(引)攞誐誐曩怛覽(滅十八界罪)薩縛怛囉(二合)三(去)滿帝(引)曩(二十五我)治(泥以反)捨(引)滿第(引)曩嚩日囉(二合)鉢囉(二合)迦(引)囉(六十竟)嚩日囉(二合)播(引)捨滿誕甯(引)曩(見諦思惟九十八使百八煩惱)嚩日囉(二合)入縛(二合)攞尾舜(入)第(二慧明三辛朗)部哩部哩(廣四等心)櫱婆(去)嚩底(五四住葉)櫱婆(去)尾戍(引)馱顊(四惡趣滅得四無畏)鍋乞史(二合)三布(引)羅抳(度五道)入嚩(二合)羅入嚩(二合)羅(擁五根)左囉左囉(淨五眼)入嚩(二合)哩顊(成五分)鉢囉(二合)韈灑覩禰(引)嚩(具足六神通)三滿帝(引)曩(滿足六度業)儞(泥以反下同)旃庾(二合引)娜計(引)曩(不爲六塵惑)阿密嘌(二合)多嚩囉灑(二合)抳(常行六妙行)禰(引)縛跢(引)嚩跢(引)囉抳(引生生世世坐七淨花)阿(上)鼻詵(去)左覩銘(引)蘇(上)誐多嚩羅嚩左曩(洗塵八水)阿密嘌多嚩囉嚩補矖(引具九斷智)囉乞灑(引二合)囉乞灑(成就)麽麽(究竟)薩嚩(二合引)薩怛嚩(二合引)難(上引)左(成下地行)薩嚩怛囉(二合)薩嚩娜(引十一空解常以用栖心自在)薩嚩婆曳(引)毘藥(二合能轉中二行輪)薩冒(上引)鉢捺羅(二合)吠(引)毘藥(二合具足十八不共之法)薩冒(引)跛藥霓(上引)毘藥(二合圓滿無量一切功德)薩嚩努瑟吒(二合)婆(去)野鼻(引)怛寫(生生世世斷憍慢障)薩嚩迦哩迦攞(引)賀(竭愛欲水)尾蘗囉(二合)賀尾嚩(引)娜(滅瞋恚火焰)努娑嚩(二

合)跛難(二合引)訥囉𧂐旗跢(引)瞢(上)蘖里也盧遮也跛尾曩(引)捨顊(永拔斷癡想)薩嚩藥乞叉(二合)囉乞叉(二合)婆(裂諸見羅網)曩誐顊縛(引)囉抳(善修人堅道)薩囉抳薩隷麽羅麽囉囉麽嚩底(正向菩提)惹野惹野惹野覩䶫(引成就三十七品肪道法)薩嚩怛囉(二合)薩嚩迦(引)覽(得金剛身)悉釗覩銘(引)□䶫(引)摩訶尾捻(引壽命無窮得)娑(去引)馱野娑馱野(永離怨恨無殺害心)薩嚩曼拏攞娑(引)馱顊(常蒙安樂)伽(去引)多(去)野薩嚩尾覲曩(二合)(聞名聽聲恐怖悉除)惹野惹野(所求滿足)悉第(引)悉第素悉第(愛別離苦)悉地野(二合)悉地野(除災安樂)沒地野沒地野(除病延命)冐馱野冐馱野布囉野(除官難)布(引)囉抳布囉抳(產生安隱)布囉野銘(引)阿苦(引去除伏怨賊)薩嚩尾儞也(二合引)尾誐多沒(引)帝(引)惹(而濟反)愈(引)多(上)哩(羅若令敬愛)惹夜(引)嚩底(諸人敬愛)底瑟吒(二合)底瑟吒(天人敬愛)三麽野麽努播(引)攞野(后妣敬愛)怛他(去引)蘖多(上)(婦人敬愛)紇哩(二合)乃野(女人敬愛)舜(入)帝(引婆羅門敬愛)旗野(二合)嚩路(引)迦野覩䶫(引宰官敬愛)阿瑟吒(二合)鼻摩賀(引)娜(引)嚕拏(上)婆襄(引)毘藥(二合)(大臣敬愛)薩囉薩囉(居士敬愛)鉢囉(二合)薩囉鉢囉薩囉(長者長者)薩嚩嚩囉拏(上)尾戍(引)馱顊三(去)滿跢(引)迦(引)囉滿拏(尼賈反)攞尾舜(入)第(帝釋帝釋)尾蘖帝(引)尾蘖帝(引梵王梵王)尾誐多摩攞(大自在天大自在天)尾戍馱顊(天帝將軍天帝將

軍)乞史(二合)抳乞史(二合)抳(童男童女童男童女)薩嚩播(引)跛(天龍天龍)尾舜第(引夜叉夜叉)麽攞尾蘗多(引乾闥婆敬愛)帝惹嚩底(阿修羅阿修羅)嚩日羅嚩底(迦樓羅迦樓羅)怛嚩(二合引)路枳野(二合)(毘盧遮那護念)地瑟恥帝(增益成就)娑縛(二合)賀(引息災成就)薩嚩(二合)怛他蘗多沒(引)馱(阿閦佛金剛波羅密護念)毘色訖帝(二合)(增益成就)娑婆(二合)賀(息災成就也已下皆同故無注一句之內有三句初句佛名護念中句皆增益成就終句皆息災成就假令薩嚩怛他蘗多沒馱阿閦佛金剛波羅密護念毘色訖帝增益成就婆娑賀息災成就已下准是皆可知見)薩縛冐地薩怛嚩(二合引)毘色訖帝(二合)娑婆訶薩嚩禰嚩多毘色訖帝(二合引)娑婆(二合)訶薩嚩怛他(去引)蘗多(上)紇哩乃野(引)地瑟恥多紇哩(二合)乃曳娑婆訶薩嚩怛他(引)蘗多三(去)麽野悉第娑婆賀印捺嚩(二合引)印捺囉(二合)嚩底印捺囉(二合)旃野(二合)嚩路(引)枳帝(引)娑婆訶沒囉(二合)憾銘(二合)娑婆賀沒囉(二合)憾麽(二合引)儞庾(二合)史帝(引)娑婆訶尾瑟拏(二合)曩莫塞訖哩(二合)帝(引)娑婆訶麽係(引)濕嚩(二合)囉滿儞(泥以反)多多(上)布爾(而此反)跢曳(引)娑婆賀(引)嚩日囉(二合)播抳麽攞尾(引)哩野(二合)地瑟恥(二合)帝(引)娑婆賀地哩(二合)多(上)囉(二合引)瑟吒羅(二合引)瑟吒羅(二合引)野娑婆賀尾嚕(引)荼(去)迦(引)野娑婆賀尾嚕(引)播(引)乞灑(二合引)野娑婆賀尾(無每反引)室囉(二合)麽拏(上引)野

娑婆賀摻咄羅麼賀(引)囉(引)惹(慈攞反)娜莫塞訖訖哩(二合)
跢野(引)娑婆賀琰麼野娑婆賀琰麼(上)布爾(而呰反)多娜莫塞
訖哩(二合)跢(引)野娑婆賀嚩嚕拏(二引水天護念)野(增益成就)娑
婆賀(息災成就上下皆唯是知見耳)麼嚕(引)跢野娑婆賀麼賀(引)
麼嚕跢野娑婆賀阿跟曩(二合魚訖反)曳(引)娑婆賀曩(引)誐尾
路(引)枳跢(引)野娑婆賀禰(引)嚩誐孋(引)毘藥(二合)娑婆賀
曩誐誐孋毘藥(二合)娑婆賀藥乞灑(二合)誐孋毘藥(二合)娑婆
賀囉乞灑(二合)沙誐孋(引)毘藥(二合)娑婆賀彥達嚩誐孋(引)
毘藥娑婆賀阿蘇囉誐孋(引)毘藥(二合)娑婆賀誐嚕拏誐孋
(引)毘藥(二合)娑婆賀緊那囉誐孋毘藥(二合)娑婆賀麼護囉誐
誐孋毘藥(二合)娑婆賀麼努曬(引)毘藥(二合)娑婆賀阿(上)麼
(上)努曬毘藥(二合)娑婆賀薩嚩孽囉(二合)係(引)毘藥(二合)娑
婆賀薩嚩娜乞灑怛禮(二合)毘藥(二合)娑婆賀薩嚩部(引)帝毘
藥(二合)娑婆賀畢哩(引二合)帝毘藥(二合)娑婆賀比舍際(引)毘
藥(二合)娑婆賀阿跛娑麼(二合引)嚇(引)毘藥(二合)娑婆賀禁畔
孋(引)毘藥(二合)娑婆賀唵(引)度嚕度嚕娑婆賀唵覩嚕覩嚕
娑婆賀唵母嚕母嚕娑婆賀賀曩賀曩薩嚩設咄嚕(二合引)喃
(引)娑婆賀娜賀娜賀薩嚩訥瑟吒(引二合)鉢囉(二合)訥瑟吒喃
娑婆賀跛左跛左鉢囉訥瑟吒(二合引)喃娑婆賀跛左跛左薩嚩
鉢囉(二合)窒剔迦波羅(二合)底野(二合)旃怛囉(二合引)喃(引)

曳(引)麽(上)阿(上)呬(奚異反)帝史拏(入)帝(引)釤(引)薩吠(微閉反引)釤(引)設哩(引)覽入嚩攞野訥瑟吒(二合)喞跢(引)喃(引)娑婆賀入嚩(二合)哩跢(引)毘野娑婆賀鉢囉(二合)入嚩哩跢(引)野娑婆賀儞(泥以反引)跛多(二合)入嚩(二合)邏(引)野娑婆賀三(去)滿多(上)入嚩(二合)邏(引)野娑婆賀麽(上引)抳跋捺囉(二合)野娑婆賀布(引)邏拏(二合)跛棕囉(二合)野娑婆賀麽賀(引)迦(引)邏野娑婆賀麽(引)底哩(二合)諀拏(上引)野娑婆賀藥乞史(二合)抳(引)喃(引)娑婆賀囉乞灑(二合)枲(星以反)喃(引)娑婆賀阿(去引)迦捨麽(合引)底哩(二合)喃(引)娑婆賀三(去)母捺囉(二合)儞縛(引)枲顊喃(引)娑婆賀囉底哩(二合)左囉喃(引)娑婆賀儞(泥以反)嚩娑左囉喃(引)娑婆賀底哩(二合)散(上)地野(二合)左囉(引)喃(引)娑婆賀吠(引)邏左邏(引)喃娑婆賀阿(上)吠(引)邏左囉(引)喃娑婆賀蘗婆(去)賀隷(引)毘藥(二合)娑婆賀蘗婆(去)散跢(引)囉抳娑婆賀護嚕護嚕娑婆賀唵娑婆賀娑嚩(無博反)娑婆賀僕(重聲引)娑婆賀步嚩娑婆賀唵(引)步(引)羅步(二合)嚩娑嚩娑婆賀喞置喞置娑婆賀尾置尾置娑婆賀馱囉抳(尼整反下同)娑婆賀馱囉抳馱囉抳娑婆賀阿仡顊娑婆賀帝祖(祖嚕反引)嚩補娑婆賀喞哩喞哩娑婆賀悉哩悉哩娑婆賀沒地野(二合)沒地野(二合)娑婆賀悉地野悉地野娑婆賀曼拏(上)攞悉第(引)娑婆賀曼拏(上)攞滿第(引)娑婆賀枲(引)麽滿

陀𩕳娑婆賀薩嚩設咄嚕(二合)喃(引)漸(子琰反)波(引)漸波娑婆賀娑瞻(二合)婆(去)野娑瞻(二合)婆(去)野娑婆賀親(去)娜親(去)娜娑婆賀牝娜牝娜娑婆賀畔惹畔惹娑婆賀滿馱滿馱娑婆賀莽賀野莽賀野娑婆賀麼抳尾秫(侍聿反)第娑婆賀素哩曳(二合)素(引)哩野(二合)尾秫第(引)尾戍馱𩕳娑婆賀讚捺嚇(二合)蘇讚捺隸(二合引)布(引)羅拏(二合)讚捺嚇(二合引)娑婆賀佉羅(二合)係(引)毘藥(二合)娑婆賀諾乞察(二合)怛嚇(二合引)毘藥(二合)娑婆賀始吠(引)娑婆賀扇(引)底(丁以反)娑婆賀娑嚩(二合短聲)娑底野(二合)野寧(引)娑婆賀始鑁(無盲反)羯哩扇(引)底羯哩補瑟置羯哩麼羅沫達𩕳娑婆賀室里(二合)羯哩娑婆賀室哩(二合)野沫達𩕳娑婆賀室哩(二合引)野入嚩(二合)攞𩕳娑婆賀曩母呰娑婆賀麼嚕呰娑婆賀吠誐嚩底(丁以反)娑婆賀

是眞言是爲無數億恒河沙諸佛智根本。無量諸佛是眞言出。佛之成道由持是眞言。故三世諸佛經無數萬億劫。毘盧遮那如來自法界智中盡無數劫求得。由是名隨求卽得眞言。一切諸佛不得是眞言不成佛。外道婆羅門得是眞言成佛速。所以者何。昔摩竭陀國有一婆羅門。名俱博婆羅門。不見佛不聞法。不六波羅蜜行。不四無量住。日日殺食猪羊熊鹿鵝鴨龜等類。各日日五十或一百生。二百五十年命過。卽去人間到閻羅王宮。卽閻羅王白帝釋言。此罪人賜何地獄。罪輕重何。帝釋告白。是人罪不可量。算數不可計。善金札無一善。惡鐵札不可盡計。速阿鼻地獄可送遣。則獄卒請事投入。爾時地獄忽然爲蓮花池。彌滿八功德水。其中在種種蓮花。所謂青白紅紫。而色勝諸蓮。每其花上坐各罪人無諸之苦。則馬頭牛頭閻羅王申云。此獄奇異。此罪人謬賜也。地獄變成淨土。罪人不異佛。我見聞如是事者。爾時閻羅王往詣帝釋宮。此俱博不罪人。神變如上說。帝釋答云。二生之善無曾一塵許。不所知我。則詣佛界白釋迦文佛言。俱博之善如何。神變如是。爾時佛告帝釋言。俱博自生不作一善。唯可見人間之骸。帝釋則來見人間葬所。俱博葬所西去一里有卒覩波。其中在此根本眞言。朽卒覩波眞言墮落地上。其文一字隨風彼俱博繫骸上。爾時帝釋來。歸奇異八地獄移每地獄如是遂成不受苦。爾時俱博幷諸罪人皆共具三十二相圓滿八十種好。一時蓮花臺藏世界成諸佛菩薩。上方世界之無垢佛是俱博也。滅罪之切能如是。何況自持。若至心持念人何罪有小許。以是眞言名隨求卽得成佛自在也。求福德自在。求七寶自在也。因斯有七名。一者心佛心眞言。毘盧遮那如來心智之中之智心故。二者一切佛心印眞言。諸佛甚深智心印故。三者灌頂眞言。灌頂持念者故。四者灌頂印眞言。洗煩惱印菩提故。五者結界眞言。除罪障避除諸魔故。六者佛心眞言。佛之眞實心智故。七者心中。無勝此法故。持念者亦復如是。如佛爲諸法王最爲第一。滅惡趣。此眞言能救一切衆生者。此眞言能令一切衆生離諸苦惱。此眞言能大饒益一切衆生。充滿其願。如佛能救一切苦惱衆生。如寒者得火。如裸者得衣。如孤子得母。如度者得船。如病得醫。如闇得燈。如貧得寶。如炬除闇。此眞言亦復如是。能令衆生離一切苦一切病惱。能解一切生死之縛。則爲閻浮提人病之良藥。若人有病。得聞是眞言。病卽消滅。若有善男子善女人。暫聞此眞言。所有一切罪障悉得消滅。若雖爲一切女人婬犯。不受胎生苦。所以者何。持眞言者親近供養。若男若女皆備佛身故。若能持念者。當知是人卽是金剛身。火不能燒。當知如來以神通力擁護是人。當知是人是如來身。當知是人毘盧遮那如來身。當知是人是如來藏。當知是人是如來眼。當知是人被金剛甲冑。當知是人是光明身。當知是人是不壞身。當知是人是能摧伏一切怨敵。當知是人所有罪障悉皆消滅。當知是眞言能除地獄苦。我爲佛道。於無量土從始至今。廣說諸法不可量也。而於其中是眞言最爲第一。不可比。

三千大千世界雖一切衆生殺害不墮惡趣。由是眞言威力故。何況可受人間之苦難。常令七寶雨。無病患災難。一切所求皆滿足。身心安穩福壽無量。滅惡趣。已下有七小眞言。是者不可持念。根本眞言別名也。若有兒女子不堪持大眞言者。隨力受持耳。一一說眞言。

心佛心眞言曰。

唵薩嚩怛他(去引)蘗多沒帝(引毘盧遮那如來九會世界)鉢囉(二合)嚩囉尾誐多(上)婆(去)曳(四智如來)捨麼野婆嚩(二合短聲)銘(如來一切智)婆誐嚩底薩嚩播閉毘藥(二合四智一切智)娑嚩(二合短聲)娑底婆嚩覩母儞母儞(三十七尊)尾母顊左隸(三十七尊一切智)左攞顊婆野尾誐帝(賢劫十六尊)婆野賀囉抳(一切智)冒地冒地(衆生度)冒馱耶冒馱耶(施衆生智慧)沒地哩沒地哩(施衆生良藥)薩嚩怛他(去引)蘗多(施衆生珍寶飮食)紇哩(二合)乃耶足(取欲反)瑟穌(二合)娑嚩(二合)賀(施衆生安樂)

一切佛心印眞言

唵(引)嚩日囉(二合)嚩底(三世諸佛)嚩日囉(二合)鉢囉(二合)底瑟恥(二合)帝(引)秫(詩聿反)第(引)薩嚩怛他(引)誐多母捺囉(二合)(一切智印成就六波羅密)地瑟姹(二合引)曩(引)地瑟恥(二合)帝

麼賀(引)母怛囉娑(二合)賀(一切諸法靈驗現前成就)

灌頂眞言曰。

唵(引)母顊母顊(一切如來皆集會)母顊縛隸(流出智水)阿(上)鼻詵(去)左覩給(引一切如來歸金色解)薩縛怛他(引)蘖他(智水灌頂)薩縛尾儞野(二合)鼻矖(引)四剡(引)(洗百六十身煩惱所知障)麼賀(引)縛日羅(二合)賀縛左(永斷生死一切苦)母捺羅(二合)母捺哩(二合)帶(引入我)薩縛多他(去引)誐多紇哩(二合)乃夜地瑟恥(二合)多縛曰隸(二合)娑婆(二合)賀(等同如來遍法界身)

灌頂印眞言曰。

唵(引)阿(上)密栗(二合)多嚩囉(諸佛集會流出智水摩頂護念成就)嚩囉嚩囉(成就菩提)鉢囉(二合)嚩囉(二合)尾秫第(成就等正覺)吽(斷衆生煩惱)吽(斷衆生所知障)發吒發吒娑婆(二合)賀(自他涅槃成就)

結界眞言曰。

唵(引)阿(上)密栗(二合)多尾路枳顊(成火焰)蘖婆(去)僧囉乞灑(二合)抳阿羯灑抳(尼貞及成鐵鹽垣及鐵羅網)吽(避除鬼神)吽(殺害悉皆鬼神)發吒發吒(一切鬼神皆悉成微塵亦不生)娑婆(二合)賀(成就)

佛心眞言曰。

囇唵(引)尾麽(上)黎(遍法界如來智)惹野嚩囇(引)阿密栗(二合)帝吽吽吽吽發吒發吒(三界衆生皆有佛性成就)娑婆(二合)賀(成就)

心中眞言曰。

唵(引)跛囉跛囉三(去)跋囉三(去)跋囉(如來智心利益衆生)印捺哩(二合)野尾戍馱顊吽(引)吽嚕嚕左初(引)(心佛及衆生是三無差別)娑婆(二合)賀(引)

佛告滅惡趣菩薩言。此眞言名隨求卽得眞言。能除一切罪業等障。能破一切穢惡道苦。滅惡趣。此眞言無數億兢伽沙俱胝百千諸佛同共宣說隨喜受持人如來智印印之。爲破一切衆生穢惡道故。爲臨急苦難墮生死海中衆生得解脫故。短命薄福無救護衆生樂造雜惡業衆生故說。又此眞言諸苦處之類。地獄惡道衆生。種種流轉生死苦薄福衆生。不信失正道。如是皆得解脫。爾時佛告滅惡趣。以此眞言付屬於汝。此眞言以威力能度一切衆生苦海。滅惡趣。汝當持念觀行守護勿令忘失。滅惡趣。若人須臾得聞此眞言。千劫已來積造惡業重障。應受種種流轉生死。地獄餓鬼畜生。閻羅王界阿修羅身。夜叉羅刹鬼神。布單那阿波沙摩羅。蚊龍龜狗蟒蛇。一切諸鳥及諸猛獸。一切蠢動含靈。乃至蟻子之身。不更重受。卽得轉生諸佛如來一生補處。菩薩同會處生。或得大姓婆羅門家生。或得大刹利種家生。或得豪貴最勝家生。滅惡趣。此人得如上貴處生者。皆由聞此眞言故。轉所生處皆得淸淨無退轉。滅惡趣。乃至得到菩提道場最勝之處皆由讚美。是眞言功德如是。以是因緣名隨求卽得眞言。

次說密印等　五如來蜜想
以初印印心　次卽頂上置
次印額眉間　次兩卽兩眉
先右次左竟　此卽結了卽
我身成遍照　於舌觀金剛
先合金剛掌　便成金剛縛
忍願如釗形　進力附於背
忍願竪如鉢　反屈如寶形
移屈如蓮花　面合於掌中
檀慧禪智合　卽成祕密印
此五祕密印　密之中之密
祕之中之祕　不可傳不阿

闍梨若有知　　法弟子隨宜
耳作壇法者

如法華儀軌。更不說。

爾時佛告滅惡趣菩薩。汝今諦聽。我當爲汝宣說。受持此眞言亦爲短命諸衆生說。當洗浴著新淨衣。日日持念九遍。短命衆生還得增壽。永離病苦。一切業障悉皆消滅。一切地獄諸苦亦得解脫。諸飛鳥畜生含靈之類聞此眞言一經於耳。盡此一身更不復受。若遇大惡病聞此眞言。卽得永離一切諸病。亦得消滅。應墮惡道亦得除斷。卽得往生寂淨世界。從此身已後更不受胞胎之身。所生之處蓮華化生。一切生處蓮花化生。一切生處憶持不忘。常識宿命。若人先造一切極重罪業。遂卽命乘斯惡業應墮地獄。或墮畜生閻羅王界。或墮餓鬼乃至墮大阿鼻地獄。或生水中。若禽獸異類之身。聞此眞言題名乃至一字一經於耳。如是等苦更不受。業障皆悉消滅。速生佛界。若人親近一字持人。是人得大涅槃。復增壽命受勝快樂。捨此身已卽得往生種種微妙諸剎土。常與諸佛俱會一處。一切如來恒爲演說微妙之義。一切世尊卽授其記。身光照曜一切佛剎土。

此眞言功力略如是。若有善男子善女人。於眞言念念勿生疑。若有善男子善女人成疑惑者。世世不得眞言靈驗。現世得白癩病。我爲利益衆生。說此眞言。爲貧窮下賤衆生。遺此如意摩尼寶。毘盧舍那如來一切智印甚深法藏。常持念人當如敬佛。

隨求卽得眞言儀軌

석법성(釋法性, 趙明淑)

서울 출생. 대만 보인대학교(Fu Jen Catholic University) 철학과, 同校 철학연구소 석사과정 및 박사과정을 졸업하고 철학박사(Ph. D.)학위를 취득하였으며, 대한불교조계종 포교원 포교연구실 사무국장을 역임하였다. 저서 및 역서로 『대지도론』(전5권), 『사망학』, 『다음 생을 바꾸는 49일간의 기도』, 『대승기신론』, 『불자가 꼭 읽어야 할 기본경전』, 『마음을 관해야 진정한 깨달음에 들 수 있다』, 『어떻게 성불할 것인가』(共譯), 『선 수행자가 꼭 읽어야 할 대승선경』, 『선비요법경』 등이 있다.

수구즉득다라니 隨求卽得陀羅尼

초판 1쇄 발행 2016년 12월 13일 | **초판 4쇄 발행** 2025년 9월 11일
불공금강不空金剛 **한역漢譯** | 석법성釋法性 **역주譯註** | **펴낸이** 김시열
펴낸곳 도서출판 운주사

(02832) 서울시 성북구 동소문로 67-1 성심빌딩 3층
전화 (02) 926-8361 | **팩스** 0505-115-8361

ISBN 978-89-5746-474-8 03220 값 10,000원
http://cafe.daum.net/unjubooks 〈다음카페: 도서출판 운주사〉